Karin Neuschütz
Gib den Puppen Leben!

AF185590

Praxis Anthroposophie – Dialoge, Initiativen, Entwürfe: Taschenbücher, die die Welt nicht nur als bestehende erfassen, sondern sie auch vorausdenkend weiterentwickeln möchten.

Zum Buch: Karin Neuschütz gibt allen, die sich mit Kindern beschäftigen und Spaß an Puppen haben, zahlreiche Anregungen zum Puppen- und Marionettenspiel. Allerlei Puppen können dort auftreten: Steh-, Finger-, Wurf- und Handpuppen und natürlich Marionetten – von der Prinzessin bis zum Zauberer.
Die Autorin stellt den pädagogischen Wert des Puppentheaters für das schöpferische Spiel und die Fantasie des Kindes dar. Im zweiten Teil wird die Technik des Puppenspiels beschrieben: wie man eine Puppe führt, wie man eine Szene aufbaut, eine Bühne einrichtet usw. Der dritte Teil enthält Anleitungen zur Anfertigung der verschiedenen Stoffpuppen.

Über die Autorin: Karin Neuschütz, geb. 1946, ist in Stockholm aufgewachsen und studierte Psychologie, Pädagogik und Soziologie. Ihre Bücher für Eltern haben starke Beachtung gefunden. Im Verlag Freies Geistesleben sind von ihr erschienen: *Die Waldorfpuppe; Stofftiere zum Selbermachen; Das Puppenbuch; Lieber spielen als fernsehen; Kinder lieben Tiere* sowie *Da lachen ja die Hühner!*

Karin Neuschütz

Gib den Puppen Leben!

**Von der Fingerpuppe
zum Marionettentheater**

Verlag Freies Geistesleben

1. Auflage 2005
Verlag Freies Geistesleben
Landhausstraße 82, 70190 Stuttgart
Internet: www.geistesleben.com

ISBN 3-7725-1276-3

Die schwedische Originalausgabe erschien unter dem Titel
«Ge dockan liv» bei Bokförlaget Robert Larson AB, Täby.
© Karin Neuschütz 1984
© Deutsche Ausgabe: 1985 Verlag Freies Geistesleben
& Urachhaus GmbH, Stuttgart
Übersetzung: Claudia Barenthin
Zeichnungen: Karin Neuschütz
Umschlagfoto: Dag Sunderborg
Druck: Nørhaven Paperback, Viborg

Inhalt

Vorwort

Dieses Buch möchte allen, die sich mit Kindern beschäftigen und Spaß an Puppen haben, eine Anregung sein, sich als Amateurpuppenspieler zu versuchen.

Man braucht dazu keinerlei besondere Ausbildung, und ich möchte betonen, dass ich selbst auch Laienpuppenspieler bin. Ich habe jedoch im Lauf der Jahre eine Vielzahl einfacher Puppenspiele im Rahmen der Waldorfpädagogik miterlebt; das hat mich dazu inspiriert, mich selbst daranzuwagen und für die eigenen und andere Kinder – ohne allzu große Ansprüche – Puppentheater in Szene zu setzen. Dass ein kleines Mädchen, Lisa, die Hauptperson des Buches ist, hat vor allem einen praktischen Grund: Es ist persönlicher, von «ihr» oder «ihm» zu sprechen als von einem «es» – dem Kind an sich. Dass ich mich diesmal für ein Mädchen entschieden habe, liegt daran, dass Peter aus meinem Buch *Lieber spielen als fernsehen!* sich ein Schwesterchen gewünscht hat.

Der erste Teil des Buches enthält Episoden aus Lisas Kinderzeit. Es wird dargestellt, welche Art von Eindrücken ihre Entwicklung fördert und wie das Puppentheater ihr schöpferisches Spiel und ihre Fantasie beflügelt. Weiterhin gebe ich einen Einblick in die Geschichte des Puppentheaters (Schattenspiel und Stockpuppen werden jedoch nicht behandelt). Im zweiten Teil wird die Technik des Puppenspiels beschrieben: wie man eine Puppe führt, wie die eigene Einstellung das Spiel beeinflusst, wie man eine Szene aufbaut usw. Der dritte Teil gibt Anleitungen, wie man die verschiedenen Stoffpuppen anfertigt: Fingerpuppen, Wurfpuppen, Stehpuppen, Handpuppen und Marionetten.

Zuletzt möchte ich noch allen, die mir bei der Arbeit an diesem Buch mit Rat und Tat zur Seite standen, meinen herzlichen Dank aussprechen!   K. N.

Bedeutung und Geschichte des Puppentheaters

Lisa soll schlafen gehen

«Komm, Lisa, Zeit, ins Bettchen zu gehen!»

«Gleich, Mama, nur noch ein kleines, kleines bisschen! Ich muss nur noch schnell …»

«Nein, jetzt sofort, sonst wird es zu spät.»

Mama steht an der Zimmertür und lockt in allen möglichen Tonarten, während die fünfjährige Lisa plötzlich mit Feuereifer zu werkeln anfängt.

Mamas Blick fällt auf die Uhr; sie spürt Müdigkeit in Beinen und Rücken und denkt voller Sehnsucht an einen Abend in Ruhe und Frieden. Aber das Töchterchen ist äußerst beschäftigt. Als die Mutter sie leicht mit der Hand berührt, fährt sie zusammen und wehrt sich laut und aufgebracht plärrend:

«Aber ich muss das hier unbedingt machen!»

Mama seufzt.

«Kann ich dir vielleicht dabei helfen?», fragt sie schlau. Aber Lisa fällt nicht darauf herein, ganz im Gegenteil.

«Du kannst dich ein bisschen ausruhen, Mami. Setz dich nur in den bequemen Sessel», sagt sie großzügig.

Die Mutter lässt sich auf der äußersten Kante eines Stuhls nieder. Zwischen ihren Augenbrauen erscheint ein kleines, steiles Fältchen. ‹Als ob das etwas mit Ausruhen zu tun hätte›, denkt sie, während alles, was sie heute noch zu tun vorhatte, an ihrem geistigen Auge vorbeizieht. Als sie eben ernsthaft böse werden und damit drohen will, sich selbst in Lisas Bett zu legen und zu schlafen, fällt ihr Blick auf Jonas, der an einem Nagel an der Wohnzimmerwand hängt. Jonas ist ein kleiner Freund der Familie, der manchmal zu Besuch kommt; aber nun ist es schon ein Weilchen her, seit er hereingeschaut hat. Mama erhebt sich zögernd und holt Jonas von seinem Nagel herunter. Es gehört für einen Erwachsenen eine gute Portion Selbstüberwindung dazu, die anfallende Arbeit zugunsten des Spieltriebs beiseite zu schieben, wenn man müde ist.

«Hallo, Lisa», sagt Mama mit heller Stimme und lässt Jonas sich vorbeugen und Lisa an den Zehen streicheln.

Lisa lässt all das Wichtige, das sie eben noch vorhatte, wichtig sein, wirft einen schnellen Blick auf die Mutter, um die Lage einzuschätzen – und strahlt wie die Sonne.

«Tag, Jonas, bist du wieder da?», begrüßt sie ihn aufgeräumt, und sie gibt ihm die Hand.

«Du, Jonas, guck mal, was ich hier mache! Ich habe einen Kaufladen, und du kommst bei mir einkaufen, ja? Was brauchst du denn? Hier gibt's Essen und Schuhe und Haarbürsten und Spangen und Bücher und ...»

Hoppla, das klingt bedenklich, findet Mama. Jonas schüttelt betrübt den Kopf und sagt:

«Aber du, ich habe leider kein Geld dabei. Außerdem bin ich so neugierig auf dein Zimmer. Ich bin schon so lange nicht dort gewesen. Können wir nicht morgen Kaufladen spielen?»

Lisa findet den Vorschlag verdächtig, lässt sich aber trotzdem von Jonas bezirzen und hüpft hinter dem kleinen Puppenjungen her, der in Lisas Zimmer geführt wird.

«Oh, was für ein großes Zimmer. Und wie hoch dein Bett ist! Wie stellst du es bloß an, da reinzukommen? Und tust du dir nicht weh, wenn du nachts rausfällst?», fragt Jonas.

«Natürlich nicht», ruft Lisa, wirft sich aufs Bett und schlägt einen Purzelbaum.

Jonas hält die Hände vors Gesicht und guckt ängstlich zwischen den Fingern durch. «Du darfst nicht solche gefährlichen Sachen machen!», piepst er aufgeregt.

Lisa gluckst vor Lachen und macht voller Übermut noch drei Purzelbäume.

«Du», sagt Jonas leise, sodass Mama es nicht hören kann, «kannst du mir nicht zeigen, wie man die Kleider auszieht? Das kann ich nämlich nicht. Vielleicht geht das gar nicht? Kannst du denn deine ausziehen?»

«Oh, warte mal», sagt Lisa geheimnisvoll und wirft einen Seitenblick auf Mama. Dann zerrt sie den Pulli über den Kopf, und die Strümpfe fliegen wie kleine zusammengeknuddelte Bälle durch die Luft, und die Hose landet vor Jonas' Füßen.

«Vielen Dank für das schöne Kissen», sagt er und lässt sich darauf nieder. Im Nu hat Lisa den Schlafanzug übergezogen.

«Wenn du dich mit dem Waschen beeilst, kann ich noch bleiben und ein Märchen bei dir hören, falls es deine Mama erlaubt, natürlich», sagt Jonas.

Mama hilft Lisa beim Zähneputzen. Dann stürzt die Kleine zurück in ihr Zimmer, gibt Jonas einen leidenschaftlichen Kuss und kriecht voller Erwartung unter die Decke. Der Puppenjunge setzt sich neben sie, und jetzt sind zwei Paar Augen auf die Mutter gerichtet, die keine Ahnung hat, was sie erzählen soll.

«Das wird heute nur eine kurze Geschichte, weil Jonas so schrecklich müde ist», schickt sie vorsorglich voraus.

«Ist er das wirklich?», fragt Lisa verdrießlich.

«Ja, er ist sonst nie so lange auf», erklärt Mama und lässt ihn ganz zufällig gähnen.

«Es war einmal ein kleines Zwerglein, das in einer Höhle im Wald ganz hier in der Nähe wohnte», fängt Mama an.

«Hatte es eine rote Zipfelmütze und rote Stiefel?», will Lisa wissen.

«Ja, genau das hatte es», sagt die Mutter dankbar und lässt eine kurze Geschichte folgen, wie der kleine Zwerg versuchte, auf einem Blatt zu fliegen, sich dabei in den Zweigen einer hohen Eiche verfing und schließlich von einem Eichhörnchen gerettet wurde.

«Nun ist es dunkel, und ihr beiden schlaft schön», sagt Mama in überzeugtem Ton, deckt Lisa zu und macht Jonas ein Lager am Fußende des Bettes zurecht, worauf Lisa sich sofort wieder aufsetzt, um zu sehen, ob die Puppe auch weich liegt. Sie wird also noch einmal zugedeckt und Mama macht das Licht aus. Dann singt sie Lisa, wie jeden Abend, das Gute-Nacht-Lied und bleibt noch ein Weilchen am Bett sitzen, ohne etwas zu sagen. Lisa zupft am Bettbezug.

«Mama, stell dir vor, wir wären alle Puppen und es passt gerade niemand auf uns auf und wir würden alle lebendig und könnten uns bewegen wie alle Puppen um Mitternacht, wenn die Menschen schlafen!»

«Ja, das wäre was!», sagt die Mutter erstaunt.

Und nach längerem Schweigen fügt Lisa hinzu: «Du, Mami, das muss aber ein ganz Großer sein, bei dem wir Puppen sind, der reicht bestimmt bis in den Himmel hinauf!»

«Ja, meine Kleine», nickt die Mutter. «Schlaf gut!»

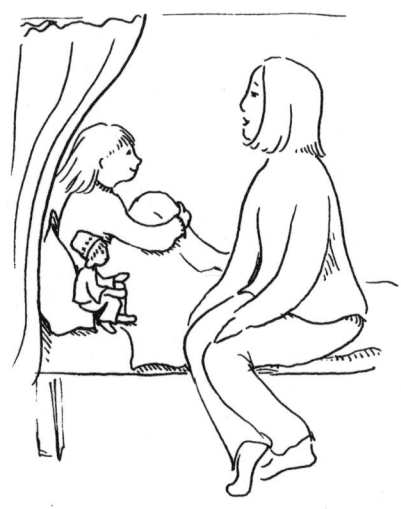

Puppenspiel inspiriert!

Wir wollen nun der kleinen Lisa ein Weilchen folgen und sehen, wie sie mit dem Puppentheater Bekanntschaft gemacht hat.

Als ganz kleines Kind schätzt sie das «intime Theater»: Fingerspiele, ein kleines Gespräch mit einer Puppe auf Omas Schoß oder auch nur einen Puppenspaziergang durch das Zimmer. Die äußere Bewegung nimmt sie am meisten gefangen, und ihre Hände wollen die ganze Zeit beim Spiel mitmachen. Mit fünf Jahren etwa beginnen sich bei Lisa Vorstellungen in Form von inneren Bildern zu formen. «Ich sehe Sachen drinnen im Kopf», sagt sie. Jetzt kann sie auch schon einer etwas längeren Erzählung folgen, wenn sie nicht zu kompliziert ist. Am schönsten ist es jedoch, ein Märchen ohne fertige Bilder (in Form von Illustrationen oder als Puppentheater) zu hören, denn da hat Lisa wirklich Gelegenheit zur Ausgestaltung eigener Fantasiebilder  und zum Ausloten der Wortbedeutungen. Aber heute bereitet Kindern das Zuhören oft Schwierigkeiten. Wir leben in einer visuell geprägten Welt, in der wir mit Bildern überhäuft werden. In Bezug auf Bilder sind wir verwöhnt oder gar übersättigt, was zur Folge hat, dass unsere Fantasie erlahmt.

Das Puppentheater in der einfachen Form, die hier beschrieben wird, kann für das Kind ein Weg zurück zum schöpferischen Spiel sein. Gutes Puppentheater sollte Bewegung und Farbe, aber nicht zu viele Details bringen, die unsere Vorstellungskraft binden. Es sollte wie der erste, einleitende Akkord eines Musikstückes sein, der das Kind zum eigenen Weiterkomponieren inspiriert. Der Erwachsene nimmt eine Puppe und erweckt sie zum Leben und – siehe da! – das Kind ist gleich mit Lust und Liebe dabei und will das Spiel fortsetzen. Durch Puppentheater oder einfaches Puppenspiel geben wir den Spielen der Kinder Impulse.

Wenn Lisa ungefähr sieben Jahre alt ist, hat sie Freude an längeren Märchen. In der Darstellung als Puppenspiel kann sie dasselbe Märchen wiederholt hören, ohne dass es ihr langweilig wird. Sie kann eine Weile den Puppen aus einigem

Abstand zuhören und zusehen, ohne das Interesse zu verlieren, und akzeptiert, dass sie nicht immer selbst im Mittelpunkt stehen muss. Aber danach muss sie sich wieder bewegen dürfen: Ein einziger Anstoß, der «Akkord» eines Puppenspiels, kann Lisas Spielen für mehrere Wochen Stoff geben. Sie braucht reichlich Zeit, um das Gesehene und Gehörte in eigenes freies Spiel umzusetzen. Die Aufgabe des Erwachsenen ist es zu erkennen, wann es Zeit für den nächsten Impuls ist.

Eines ist gewiss: Lisas Entwicklung wird nicht gefördert, wenn sie von einem Erlebnis zum anderen jagt: am Vormittag ein Museumsbesuch, nach der Heimfahrt im Bus Fernsehen, Radio, Kassetten und CDs den lieben langen Nachmittag, dann wieder Fernsehen und als Abschluss vier Gutenachtgeschichten. Aus einem solchen Durcheinander heraus kann Lisa kein konstruktives Spiel entfalten, sondern muss sich ganz im Gegenteil der Eindrücke erwehren und sie filtern. Ihre Spiele und ihre ganze Entwicklung werden von einem ruhigen Lebensrhythmus mit viel Kontakt zu den Eltern oder anderen Bezugspersonen – später ihren Lehrern – gefördert. So kann Lisa langsam und allmählich in ihr individuelles Leben hineinwachsen; dieser Prozess wird durch einen ruhigen Tagesablauf wesentlich erleichtert.

Puppentheater kann eine Möglichkeit sein, Wichtiges für Lisa zu beleuchten und zu erklären. Mit der Puppe als Mittel zur Darstellung können sowohl Kinder als auch Erwachsene innerem Geschehen Ausdruck verleihen. Fragen, die sonst nicht gestellt würden, werden formuliert. Die Puppen machen es dem Kind möglich, seine Gedanken in Worte zu kleiden.

In einer Krisensituation kann Jonas auftauchen und mit Lisa reden, denn er versteht ja alles viel besser als die Mutter! Auch wenn Lisa krank ist, kann er helfen. Das Fiebermessen beispielsweise ist oft eine heikle Sache – Jonas kann sie zuerst ausprobieren. Außerdem kann er sich etwa zu kleinen Diebstählen, dem Zuspätkommen zum Mittagessen und zu anderen interessanten Themen äußern, in die Lisa eingeweiht werden muss. In der umschreibenden Form des Märchens können viele Probleme so behandelt werden, dass es Lisa bei der Bewältigung von Schwierigkeiten innerer Art hilft.

Bei Festen und Feiern findet eine Puppentheatervorstellung immer Anklang. Sie bekommt durch Kerzen oder bunte Lampen, Musik und schöne Kostüme eine festliche Note.

Wenn Lisa dann schon in die Schule geht, beginnt sie den Humor der Erwachsenen zu verstehen. Ehe dies ganz und gar der Fall ist, wird es jedoch noch bis zu ihrem zwölften Jahr dauern. Erst wenn sie das Puppenspiel aus einer gewissen Distanz sieht, kann sie Scherz und Karikatur begreifen. Als kleineres Kind war sie für Sinnesempfindungen so wehrlos offen, dass sie die Ironie der Erwachsenen nicht vertragen hätte. Als Schulkind dagegen ist sie reif für Kaspers grobe Späße und sein wildes Treiben.

Welche Eindrücke empfängt Lisa in den Jahren vom Kleinkind bis zum Schulalter?

Das für sie Wichtigste während der gesamten Kinderzeit sind die Menschen, die ihr nahe stehen. Sie bedeuten für Lisa ebenso viel wie das Licht, das sie sieht, und die Luft, die sie atmet. Ohne eine fundamentale

Geborgenheit hat Lisa Schwierigkeiten, die Bilder der Märchen in sich aufzunehmen. Sie kann womöglich nicht einmal spielen!

Puppenspiel beinhaltet ja so viel: Die Puppe, unser «anderes Ich», verkörpert uns in unseren Träumen; ihr schreiben wir Fähigkeiten zu, die wir selbst nicht besitzen. Durch sie versetzen wir uns in die Vergangenheit oder die Zukunft.

Fehlt uns Material wie Wolle oder Stoff, wenn wir eine Puppe machen wollen, geht es genauso gut mit dem, was gerade zur Hand ist: ein Stock, ein Stein, etwas Moos als Haar. Wenn wir nicht einmal das haben, lassen wir einfach unsere Finger winken, nicken und laufen!

Wir wachsen mit dem Puppenspiel

Fingerspiele

Mit Hilfe unserer Hände können wir so unendlich viel ausdrücken: dass wir fleißig und strebsam sind, dass wir einander gern haben, dass wir aufgeregt sind oder uns für etwas interessieren … Wir unterstreichen das Gesagte, indem wir mit den Händen gestikulieren, wir berühren einander, wenn wir starken Gefühlen Ausdruck verleihen.

Kleinkinder, Schwerhörige oder Taube, die sich nicht mithilfe der Stimme verständigen können, tun das mit den Händen und der Zeichensprache. Mit den Händen und

Fingern können wir auch unser allererstes «Theater» spielen: Wir werfen Schatten an eine Wand oder wandern als kleiner Elefant herum, der mit dem Mittelfinger-Rüssel nach Wasser in Lisas offener Hand sucht.

Im Alter von zwei bis drei Jahren wird Lisa nachmittags oft müde und quengelig. Wenn die Mutter sich dann etwas Zeit nimmt und mit ihr singt und spielt, wird das Warten aufs Abendessen nicht so lang:

Schneckenlied   Text: Jan Nilsson

Aus ih - rem Haus die Schne-cke Füh-ler-chen will stre-cken an das Ta - ges - licht. Rührst du sie dran an, mein Kind, zieht sie sie ein gar blitz - ge - schwind in ihr Schne - cken - haus.

Abends vor dem Einschlafen spürt Lisa so gern Mamas Finger, die lustig über ihren Kopf bis ins Gesicht hinunter spazieren. Dazu sagt Mama einen Reim auf. Die beiden kommen einander dabei ganz nah, und Mamas Hände verraten, wie lieb sie ihr kleines Mädchen hat. Lisa braucht jemanden, der sie behutsam ins Land der Träume führt, damit sie wagt, vom Tag Abschied zu nehmen.

Was eine Mutter, die ihre Müdigkeit überwindet, für ihr Kind tut, wenn sie allabendlich beim Schlafengehen stets dasselbe Verslein aufsagt oder Liedchen singt, kann gar nicht hoch genug eingeschätzt werden! Wir könnten das Zubettbringen unserer Kinder eigentlich auch zum Anlass nehmen, Verse und Märchen auswendig zu lernen.

Wenn Lisa dann so weit ist, dass sie durchs Zimmer trippeln kann, beginnt ein schier unendlicher Lernprozess. Sie ist ganz und gar davon in Anspruch genommen, langsam auf eigene Faust das vertraute Heim weiter zu erforschen. Kleine Verse, Reime, Lieder und Erzählungen sind für so einen kleinen Erdenbürger «kulturelle Anregungen» genug.

Aber Fernsehen und Video haben ja ihren festen Platz in vielen Haushalten. Daraus ergießt sich eine Flut von ferngesteuerten Bildern, die keinerlei Bezug zu Lisas Leben haben. Nicht einmal, wenn es vorkommen sollte, dass auf dem Bildschirm eine so wohlbekannte Person erscheint wie Lisas eigene Mutter, ist sie dafür empfänglich. Eines Tages sieht sie also wirklich ihre Mutter auf der Mattscheibe. Aber was ist das? Da ist Mama ganz deutlich im Apparat drin zu sehen … aber sie ist ja auch hier im Zimmer? Lisa macht ein paar Schrittchen auf den Fernsehapparat zu, beugt sich vor und schaut ganz genau hin. «Mama!», stößt sie mit überraschter und unsicherer Stimme hervor. «Mama da?» Sie weicht vor dem Apparat zurück, krabbelt auf Mutters Schoß, legt die Arme um ihren Hals und sieht sich verstohlen nach dem Bildschirm um. «Kleine Mama da!», sagt sie mit betrübter Miene, sieht wieder die Mutter an und sagt mit Nachdruck, fast beschwörend: «Große Mama hier!»

«Guckguck!», sagt die Puppe, und Lisa lacht hellauf, jedes Mal gleich froh und überrascht, wenn sie auftaucht.

Lisa ist tief erschüttert. Ihr muss jetzt versichert werden, dass ihre Mama groß und richtig und warm ist und nicht da in diesem komischen Kasten eingesperrt.

Mama drückt Lisa an sich und flüstert ihr ins Ohr: «Ja, ich bin hier bei dir!»

Lisa ist nun täglich damit beschäftigt, sich Gewissheit zu verschaffen, dass sie selbst und ihre Umgebung wirklich existieren. Ist dann plötzlich ihre eigene Mama doppelt vorhanden und steckt die kleinere Ausgabe im Fernsehkasten, findet sie die Situation vollständig unbegreiflich und bedrohlich.

Fernsehbilder sind, im Gegensatz zu denen des Puppentheaters, der Wirklichkeit so täuschend ähnlich, dass man sich verleiten lässt, an sie zu glauben – und das gilt bekanntlich auch für uns Erwachsene.

Das Fernsehen ist jedoch ein unbrauchbares Mittel, wenn man etwas über sich selbst, über Mama und Papa erfahren will. Holt aber die richtige Mama eine Finger- oder Tütenpuppe hervor und spielt «Guckguck» mit Lisa, dann hat sie Gelegenheit, sich davon zu überzeugen, dass sowohl sie selbst als auch die Puppe wirklich existieren.

Spiel auf meinem Schoß

Ein kleiner Junge bekam von seiner Mutter einen Kassettenrecorder und eine Kassette mit seinem Lieblingsmärchen. «Na, jetzt bist du doch selig, wo du das Märchen hören kannst, so oft du willst, nicht wahr?»

Der Junge antwortete: «Aber Mama, der Kassettenrecorder hat ja keinen Schoß!»

«Guten Abend, gute Nacht, mit Rosen bedacht ...»

Warum geben wir eigentlich unseren Kleinen CDs und Kassetten mit Liedern und Märchen? Wollen wir etwa nicht selbst mit ihnen singen? Nun ja, eigentlich schon … Aber wir können ja gar nicht so viele Märchen und Lieder, und es ist doch gut, dass wenigstens die Kinder welche lernen, sagt vielleicht jemand.

Nun gut. Da sitzt also Lisa ganz allein mit ihrem Gerät da und lauscht mit der ganzen Hingabe des kleinen Kindes den sich mechanisch wiederholenden Liedern. Bestimmt lernt sie auch jede Modulation, jede Andeutung eines falschen Glissandos, jede Pause! Mit erschreckender Genauigkeit gibt sie die Tonbandversion der Lieder wieder. Sind wir Eltern damit zufrieden? Sehen wir Lisa stolz zu, wenn sie mit kokettem Hüftschwung einen Fernsehstar nachäfft und mit affektierter Stimme den neuesten Hit der Schlagerparade zum besten gibt? Führen wir sie stolz vor und sind ganz begeistert darüber, dass sie schon so ein fantastisch reichhaltiges Repertoire hat?

Warum singt der Mensch eigentlich? Tut man das nicht, um inneren Stimmungen wie Freude oder Traurigkeit Ausdruck zu verleihen?

Lisa muss einfach singen, summen, zwitschern, krähen, trällern und tirilieren, wenn sie so richtig glücklich und froh ist, wenn das Herz voll ist …

Kann man eigentlich seine Freude besser zeigen, als wenn man singt? Man singt unter der Dusche. Liegt das vielleicht an dem sinnlichen Genuss, den uns die Entspannung und das warme Wasser bereiten? Wenn Lisa auf Mamas Schoß und in ihre Arme kommt, ihren weichen Schopf an

Mamas Kinn schmiegt, sodass Mama ihre Wärme spürt, dann kommt das Singen ganz von selbst. Es entfaltet sich immer stärker, und ein rhythmisches Wiegen oder lustiges Reiten auf dem Knie begleitet es.

Gesang und Musik, Theater, Tanz und Malerei sind Kommunikationsmittel. So drücken wir unsere innersten Gefühle aus. Wir singen nicht, um damit zu prahlen, wie viele Lieder wir können!

Es gibt keinen Grund, Lisa vom Schoß zu schieben und sie, statt selber zu singen, an einen leblosen Apparat zu verweisen, der gefühllos den stereotypen Abklatsch fremder Stimmen verbreitet!

Wenn ich aber nun wirklich kein einziges Lied auswendig kann, habe ich doch immer noch Gelegenheit, Nachbarn oder Arbeitskameraden zu fragen, ob sie mir vielleicht eins beibringen können. Der elterliche Schoß ist nicht nur der beste Platz zum Liedersingen, sondern auch zum Märchen- und Geschichtenerzählen. Außerdem kann man hier wirklich «intimes» Theater spielen, nämlich mit Lisas Püppchen auf ihrem Arm, auf unserem Bein oder auf dem Boden. Ein weiter, einfarbiger Rock macht einen ausgezeichneten Hintergrund aus, vor dem sich die Puppe bewegen kann. Wenn ich mich in eine Decke wickele, bilden sich rundherum geheimnisvolle Höhlen und Verstecke. Mein Körper hat die einzigartige Fähigkeit, sich in immer neue Bühnenbilder zu verwandeln. Hebe ich die Knie, entsteht eine Rutschbahn für die Puppe. Kreuze ich die Beine, baue ich ihr eine sichere Burg. In Papas Anzug kann man an allen möglichen interessanten Stellen hineinkrabbeln – von seinem Hut gar nicht zu sprechen!

Lisas Verhältnis zu ihrer Puppe wird noch innerlicher, wenn der Erwachsene ihren Liebling mit Liebe und Einfühlungsvermögen behandelt.

Tischlein deck dich

Lisa ist den ganzen Tag über intensiv mit konkreten Gegenständen beschäftigt, mal sachlich-nüchtern, dann wieder fantasievoll. Alles Konkrete, Offensichtliche und leicht Begreifliche spricht sie an. Das ständige Hantieren mit den Dingen erschließt ihr neue Möglichkeiten, und die Dreijährige widmet sich vielfältigen, abwechslungsreichen Spielen.

Lisas Hand eignet sich noch nicht für feinere Motorik. Sie erfasst die Puppe mit einem festen Griff der ganzen Hand, setzt sie mit Nachdruck auf einen Stuhl, drückt ihr eine Brotkante ins Gesicht und verkündet anschließend, dass sie nun gefrühstückt hat. Lisas Bewegungen sind weit ausholend. Was die Puppe erlebt, wird nur skizzenartig angedeutet, eigene Erfahrungen bilden immer den Ausgangspunkt. Wenn Lisa Zeit genug hat, ihre Spielsachen und ihre nähere Umgebung in Ruhe kennen zu lernen, kann sie im Kontrast zu dem wohlbekannten Milieu den Wandel ihrer eigenen Persönlichkeit wahrnehmen. Die geliebte Puppe oder das Lastauto bleiben unverändert, während Lisa selbst ein ganzes Stück in die Höhe schießt, womöglich zehn Zentimeter während eines einzigen Jahres. Ihre Hände werden größer und geschickter, der Abstand zum Boden nimmt zu. Es ist wunderbar, aber auch beunruhigend, sich so zu verwandeln. Sie braucht also das Gefühl der Sicherheit, das ihr die wohlbekannten Spiele schenken, um ihre schnelle Entwicklung zu verkraften.

Größenverhältnisse beschäftigen Lisa sehr

 «Wenn ich Millionär werde, reiche ich sicher bis zu den Sternen!», ruft sie einmal im Alter von fünf Jahren aus. Das Wachstum geht ja immer weiter; klar, dass man am Schluss richtig groß und tüchtig wird! Der Gedanke, sie könnte sich in einen Zwerg verwandeln, fasziniert sie. Was

geschähe dann? Oder sie träfe ein Heinzelmännchen im Wald. Für den Winzling wäre sie ja ein Riese! Sie hört mit Begeisterung kleine Geschichten von dem Männlein, das unter der Treppe wohnt und in der Dämmerung hervorkommt und sich die Brotkrümel vom Boden aufliest. Ein Krümelchen von Lisas Butterbrot ist ja für ihn ein ganzes Brötchen!

Wenn wir mit so einer Märchenfigur Bekanntschaft geschlossen haben, macht es Spaß, ein Püppchen anzufertigen, das die Rolle dieses Männleins spielen kann und das zu Hause Entdeckungsreisen unternimmt. Es richtet sich häuslich in einem Schuh ein, klettert an der Topfpflanze hoch und rudert in der Seifenschale durchs Waschbecken. Fantasieanregende Spiele dieser Art verdeutlichen dem Kind die Wirklichkeit.

Wenn nun unser kleines Zwerglein den Sofatisch erklimmt, haben wir gleich ein Tischtheater! Zuerst überdecken wir allerdings den Tisch mit einem einfarbigen Stück Stoff (beispielsweise einem Tuch, einer Gardine, einem Bettüberwurf oder Betttuch oder einer Wolldecke), das in Falten über Bauklötze oder Kissen drapiert wird. Dekorieren kann man mit ein paar Kinderspielsachen: einem Häuschen, einem Bären – und das Spiel beginnt.

Falls man sich mit dem Tischtheater mehr Mühe geben will, kann man eine ganze «Schauspielertruppe» von Stehpuppen zu einem bestimmten Märchen nähen und sie während der Erzählung sich in der Landschaft bewegen lassen.

Das wohlbekannte Tischtuch besitzt mit einem Mal die fantastischsten Eigenschaften. Wir sprechen nur eine bestimmte Zauberformel aus – simsalabim – und schon stehen die herrlichsten Gerichte auf dem Tisch! Es lädt uns zu jeder gewünschten Mahlzeit ein, wenn wir nur fest genug an seine Zauberkraft glauben.

Mit anderen Worten: Man kann den Tisch auf ganz verschiedene Weise decken: Einmal zum Verzehr des täglichen Brotes und zum anderen, um Lisa an den wunderbarsten Abenteuern aus dem Reich der Fantasie teilhaben zu lassen.

Die verkleidete Hand

Lisa hat sich verkleidet. Sie hat sich eine große Mütze über die Ohren gezogen, eine Decke um den Bauch gewickelt und ist in Papas beste Schuhe geschlüpft. So schlurft sie nun durchs Zimmer. «Nanu?», sagt Mama und tut so, als ob sie diesen eigenartigen Zeitgenossen heute zum ersten Mal sähe.

Lisa ist überaus zufrieden, und innerhalb weniger Minuten hat sie auch die Katze verkleidet und sich selbst in einen Vierfüßler verwandelt. Sobald man einen Begriff davon bekommen hat, wer man selbst ist, werden die Rollen getauscht. Lisa lernt das Leben kennen, indem sie durch kurzes Hineinschlüpfen in eine neue Gestalt ihre Vorstellung von verschiedenen Berufen durchspielt.

Dieses Rollenspiel kann in kleinem Umfang mit Handpuppen fortgesetzt werden. Wir kriechen in die Haut eines alten Mannes, eines fröhlichen Mädchens, eines mächtigen Zauberers oder eines gefährlichen Wolfes. Wir wagen es, uns in ein Ungeheuer oder einen schwerfälligen Gnom zu verwandeln und seinem Wesen Ausdruck zu verleihen.

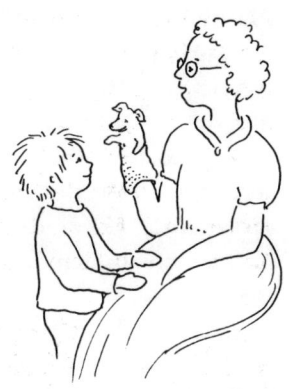

Mit drei Jahren kann Lisa schon einigermaßen eine Handpuppe führen, allerdings nur für ein Weilchen und nicht auf einer Bühne mit Vorhang. Vielleicht hat sie einen Hund und eine Katze, die einander jagen können. Der Hund schnappt nach der fauchenden Katze.

Wenn Lisa ins Schulalter kommt, kann sie schon eine einfache Handpuppe auf einer provisorischen Bühne führen, die aus einem Tuch besteht, das über eine gespannte Schnur in einer Türöffnung gehängt wird. Aber dabei kann sie sich noch nicht recht vorstellen, wie die Puppe sich von vorn ausnimmt.

Es ist in diesem Alter leichter für sie, Tischtheater mit Stehpuppen zu spielen. Eine Handpuppenvorstellung sieht sie sich jedoch schon mit Vergnügen an, vorausgesetzt, dass sie kurz und die Handlung einfach ist.

Das Schulkind Lisa kann dann Bekanntschaft mit Kasper und seinen Freunden machen, denn nun kann sie längeren

Dialogen folgen. Der traditionelle Kasper ist eine lustige Figur. Der Alltag entlockt ihm die einfältigsten Betrachtungen oder auch Lebensweisheiten pfiffigster Art. Er treibt seine Späße mit dem Lehrer – wohlgemerkt mit seinem eigenen und nicht mit dem der Kinder. Er führt seine arme Frau an der Nase herum und erfindet tausend Gründe, um sich vor dem Putzen, Abwaschen oder Einkaufen zu drücken.

Kasper lässt die Schellen an seiner Kappe klingen und wendet sich gelegentlich an den Zuschauer, um guten Rat zu erbitten. Das Handpuppentheater rechnet mit der Teilnahme der Kinder. Sie sind die Mitschöpfer des improvisierten Dialogs im Rahmen einer vorher in den Grundzügen festgelegten Handlung.

Die Handpuppen für das Kaspertheater haben karikaturhaft übertriebene Gesichtszüge, daher muss der neugierige Kasper natürlich auch eine ordentlich lange Nase haben, die er überall hineinstecken kann.

Erst im Alter von neun bis zwölf Jahren beginnen sich Lisas Humor und ihr Verständnis für Ironie und Karikatur dem der Erwachsenen anzugleichen. Erst dann kann sie also die Pointen mitbekommen, und groteske Übertreibungen erschrecken sie nicht mehr.

Richtig ins Fäustchen lachen über Kasperle können sich die Kinder, die aus eigener Erfahrung etwas über Aufräumen und andere Hausarbeit wissen und die die Erwartungen kennen, die an ein Schulkind gestellt werden. Erst mit diesem Verständnis und dem Sicherheit schenkenden Gefühl, zu Hause und in der Schule genau zu wissen, was erlaubt und was verboten ist, erfasst Lisa die volle Tragweite von Kaspers närrischer Spitzfindigkeit.

Zärtliche Verbundenheit

 Lisa spürt besondere Sympathie für Jonas – womöglich weil auch sie sozusagen an Fäden hängt? Die innige Bewunderung für die Schöpfung und die enge Verbundenheit mit anderen Welten und uns allwissenden Erwachsenen, die das Kind erfüllen, erwecken ein Gefühl der Verwandtschaft mit der Marionette.

Lisa fühlt sich ganz geborgen unter dem Schutz der Erwachsenen, sie «hängt» an den Eltern, ist mit ihnen durch «Fäden» der Liebe verknüpft. Alles, was wir Erwachsenen im Beisein der kleinen Lisa unternehmen, beeinflusst sie stark. Wenn sie oft die Möglichkeit hat, ihre Eltern bei der praktischen Arbeit zu beobachten, geben wir ihr Gelegenheit zur Nachahmung einer Vielzahl von sinnvollen menschlichen Bewegungen. So wird sie sowohl von ihren eigenen Bewegungen und Handlungen als auch vom Geschehen um sie herum geprägt.

In ihrem Inneren bewahrt Lisa immer die Bilder von Vater und Mutter bei der Verrichtung ihrer Tätigkeiten, und zwar nicht als bewusstes Erinnerungsbild, dem sie nacheifert, sondern eigentlich als ihr Urbild, das aus den Geweben und Zellen ihres Körpers heraus ihre Arme und Beine zum Nachahmen der Gesten und Gebärden bringt, die sie täglich sieht. Die Lust des Nachahmens ist unbezwinglich; es zuckt ihr in allen Gliedern. Der Anstoß dazu kommt also von Mutter, Vater oder anderen Nahestehenden.

Wenn nun die Bande der Liebe zu den lebenserhaltenden Bezugspersonen reißen, geschieht etwas Schreckliches. Lisa sinkt in sich zusammen wie eine Marionette, der man die Fäden abschneidet. Die Impulse der Erwachsenen erreichen nicht ihr Ziel – Lisas Bewegungen werden unruhig und hören in extremen Fällen ganz auf. Sie resigniert.

Es kann auch vorkommen, dass die Fäden sich verheddern. Wenn wir die Puppe nicken lassen wollen, hebt sie vielleicht stattdessen den Fuß zu einem Tritt. Lisa reagiert mit für sie selbst und ihre Umgebung unerklärlichen Ausbrüchen, schlägt oder spuckt nach einem Gast, der ihr zu nahe kommt und vielleicht einen wunden Punkt berührt. Sie lacht, wenn es nichts zu lachen gibt, macht Radau, wenn andere sich still verhalten. Ihre Fäden sind in Unordnung geraten.

Um sie wieder zu entwirren, sind eine zarte Hand und viel Geduld vonnöten.

Die Fäden, mit denen das Kind an die Erwachsenen gebunden ist, können auch manchmal zu kurz sein.

Die egoistische, besitzsüchtige Fürsorge einer Mutter hemmt das Kind. Wenn man Lisa verbietet, Arme und Beine schwungvoll zu bewegen, verkrampfen sich Schultern und Waden. Sind die Eltern hauptsächlich damit beschäftigt, das Kind zu dressieren und zur Disziplin anzuhalten – «Hier wird pariert, verstanden?» –, zwingen sie damit Lisa womöglich Schüchternheit und Unselbständigkeit auf. Ihr Blick wird unstet, und ihre Spiele werden still und gehemmt.

Als Schulkind ist Lisa schon so selbständig geworden, dass sie sich in eine Gruppe von Gleichaltrigen einordnen und ihre Beziehungen, wenigstens teilweise, von den Eltern zum Lehrer verlagern kann. Der Knotenpunkt dieser Beziehungsfäden befindet sich nun nicht mehr so offensichtlich im Physischen, sondern verlagert sich allmählich in die Psyche. Ab diesem Zeitpunkt ist es die Persönlichkeit des Erwachsenen, die Lisas Seelenleben im höchsten Maße berührt und bewegt.

Innere Bilder

Es kommt öfter vor, dass das Schulkind Lisa ganz still sitzt und nichts zu tun scheint. Wenn wir jedoch in ihr Inneres sehen könnten, fänden wir dort Träume, Erinnerungsbilder und die fantastischsten Visionen. Diese inneren Bilder leben ihr eigenes heimliches Leben und werden unter anderem durch den Schulunterricht genährt.

Wir sprechen vom «lebendigen Wort» – das sind also Worte, die Bilder zum Leben erwecken. Durch den Unterricht sollen wir die Wunder des Lebens kennen lernen! Wenn Lisa als kleines Mädchen viele Märchen erzählt bekommen und sich oft mit den Eltern unterhalten hat, ist es für sie später leichter, den Worten des Lehrers zu folgen und sich in das Gehörte einzuleben.

Kinder, die nicht stillsitzen und zuhören, sind heute für den Lehrer ein großes Problem. Ihre ausgeprägte Unruhe hindert diese Kinder daran, die Worte des Lehrers mit bestimmten Vorstellungen zu verbinden. Manche Kinder sind durch Fernsehen und Video so überreizt, dass sie der Schulsituation einfach nicht gewachsen sind, zumal ihnen zusätzlich die elterliche Geborgenheit und Wärme und die während der Kinderjahre so überaus wichtige Körperbewegung abgeht. Sie scheinen nicht zu wissen, wie man innere Bilder hervorruft. Auch die Kunst des Zuhörens beherrschen sie nicht mehr. Damit diese Kinder dem Unterricht überhaupt folgen können, muss man ihnen ständig mit Sensationen aufwarten. Der Lehrer hat selbstverständlich Schwierigkeiten, mit den eindrucksvollen Bildern zu wetteifern, die sich in der Erinnerung der Schüler tummeln, wenn sie nach einem Fernsehfilm morgens müde in die Schule kommen. Für den Lehrstoff ist daneben kein Platz mehr.

Wie oft ist ein Lehrer bitter enttäuscht, der wohlvorbereitet zur Schule kommt und halb schlafende oder hyperaktive Kinder vor sich hat! Viel wertvolle Zeit muss für «TV-Therapie» verwendet werden, denn die Kinder können gar nicht genug über die Filme sprechen, die sie gesehen haben.

Die Jahre in der Schule sind die Zeit der inneren Bilder – eine Epoche im Leben des Menschen, wo er besonders formbar ist. Lisa sehnt sich danach, von großen Taten verflossener Zeiten zu hören. Sie will etwas vom Leben auf unserer Welt erfahren, sich in das Schicksal und die Abenteuer anderer Menschen hineinversetzen, und wir Erwachsenen setzen ihr die destruktivsten Videofilme vor, die man sich überhaupt vorstellen kann: Filme, in denen Menschen bei lebendigem Leibe zersägt oder mit einer Bohrmaschine ermordet werden!

Es ist, wie gesagt, die Zeit der inneren Bilder: Lisa gibt sich sowohl schrecklichen Fantasien als auch rosigen Zukunftsträumen hin. Diese Träumereien bekommen während der folgenden Jahre einen anderen Charakter, denn das Leben selbst und Lisas wachsende Verankerung in der Wirklichkeit korrigieren sie. Kinder bedürfen jedoch persönlich vermittelter Bilder, nicht der fernübertragenen Machwerke von Unbekannten.

Puppentheater kann ein wunderbares Mittel sein, wenn man zu Hause oder in der Schule eine Erzählung anschaulich gestalten will. Kinder, denen das Zuhören schwer fällt, lassen sich von den Bewegungen der Puppen bezaubern, ohne dass ihre Fantasie von allzu starr geformten, fix und fertigen Bildern gehemmt wird. Schulkinder können selbst die Puppen anfertigen, die sie zum Spiel brauchen und sie vielleicht sogar eine Fremdsprache sprechen lassen!

Sowohl in alltäglichen als auch in festlichen Situationen kann das Puppentheater die Bilder bereichern, die wir mithilfe der Sprache in Märchen und Erzählungen vermitteln wollen.

Aus der Geschichte des Puppentheaters

Wir wollen uns nun in aller Kürze mit der Geschichte des Puppentheaters vertraut machen. Warum soll es nicht möglich sein, an das Theater vergangener Zeiten anzuknüpfen und dem massiven Druck der technischen Unterhaltungsmedien zum Trotz eine neue, lebenskräftige Spieltradition zu begründen?

Wir wissen eigentlich sehr wenig darüber, wozu man in der Vorzeit Puppen hatte. Die meisten Kulturen bedienten sich jedoch der Puppe bei religiösen Riten. Wenn der Mensch mit der Welt der Götter und Geister in Kontakt kommen wollte, schuf er sich ein Bild als Vermittler. Puppen wurden auch angebetet. Sie hingen als Fetische am Hals unserer Vorfahren und wurden den Toten ins Grab mitgegeben.

Wenn sich der Mensch eine Göttermaske vorhielt, eignete er sich etwas von der Kraft dessen an, den das Bild darstellte. Dieser Gebrauch der Maske bei rituellen Tänzen war der früheste Anfang der Theaterkunst und des Puppenspiels. Ebenso wenig wie die Puppe ursprünglich ein Spielzeug war, diente das Puppenspiel der Unterhaltung; es war ein Teil der Kulthandlung.

Ein indianischer Medizinmann konnte beispielsweise vorführen, über

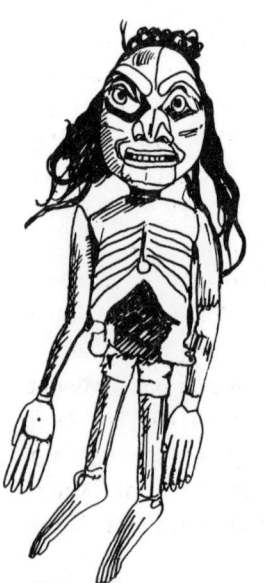

Gegliederte, marionettenähnliche Maske des Haidastammes, die vom Tänzer auf dem Kopf getragen und von unten bewegt wurde. Die Gesichtsmaske bekam im Lauf der Zeit ein eigenes Leben. Sie löste sich vom Tänzer und trat selbst in Aktion, wobei sie mithilfe von Fäden aus dem Verborgenen gelenkt wurde.

36

welche Wundermittel er verfügte, indem er ein totes Eich-hörnchen an Fäden befestigte. Das vor der Behandlung so leblose Tier bewegte sich plötzlich wieder ganz natürlich! Flackerndes Feuer und suggestive Musik trugen entscheidend zu diesem Effekt bei.

Die meisten noch erhaltenen alten indianischen Puppen sind aus Holz geschnitzt und an möglichst wenigen Fäden aufgehängt (vermutlich ist das ein Ideal der meisten Mario-nettenspieler). Obwohl diese Fäden oft sehr dick waren, ließen sich die Zuschauer dadurch nicht stören. Sie bemerkten sie kaum, denn die Puppe war für sie kein konkreter Gegenstand, sondern eine Erscheinung aus der Geisterwelt.

Indien

Aus dem alten Indien kommt eine Legende über die Entste-hung des Puppentheaters (frei nach Baird, siehe Literaturver-zeichnis):

«Der Gott Shiva und seine Gemahlin Parvati gingen ei-nes Tages an der Werkstätte eines Schreiners vorbei. Ihr Auge fiel dabei auf einige kleine, gegliederte Figuren, die wie Puppen aussahen. Die beiden fanden die klei-nen Geschöpfe so reizend, dass sie zum Erstaunen des Schrei-ners ihren Geist in sie bliesen und sie dadurch zum Leben erweckten, sodass die Puppen zu tanzen anfingen. Aber nach einer Weile fand Parvati das Spiel reizlos; die Götter wandten sich ab und setzten ihren Weg fort. Die Puppen erstarrten sogleich in ihren Bewegungen und waren so reglos wie zuvor. Der Schreiner eilte hinter den Göttern her und bat: ‹Wendet euch nicht ab von meinen Puppen! Belebt sie wieder!› Aber Parvati antwortete: ‹Du bist es, der sie geschaffen hat und nicht ich, also musst du ihnen auch Leben schenken!› Darauf ging der Schreiner zurück in seine Werkstatt und dachte lange darüber nach, wie er das bewerkstelligen sollte. Schließlich fiel ihm ein, dass er sie an Fäden tanzen lassen könnte.»

Das frühe indische Puppentheater bestand aus Schattenspielen, die sich über eine Woche hinzogen. Auf diese Weise wurden Passagen aus den heiligen Sanskritschriften, unter anderem aus der Bhagavadgita, veranschaulicht.

Im heutigen Indien, einem vielgestaltigen Land, gibt es eine ganze Reihe von Puppenspieltechniken und Traditionen. Im Bundesstaat Rajasthan existiert eine besondere Puppenspielerkaste, die kathpuli bhats, die mehrere tausend Mitglieder hat. Ihre Puppen sind einfach und an drei Fäden aufgehängt. Mit diesen drei Fäden und dem wehenden Rock gelingt es ihnen, die Bewegungen der Puppen unendlich zu variieren. Wenn ein bhat eine Puppe von seinem Vater erbt, bekommt sie einen neuen Rock, der über den alten gezogen

wird. An diesen «Jahresringen» kann man Alter und Geschichte der Puppe und ihrer Besitzer ablesen. Die Qualität der Stoffe verrät, ob gute oder schlechte Zeiten herrschten.

Diese indischen Puppenspieler sprechen nicht während des Spiels. Stattdessen arbeiten sie mit einer Vielzahl von Lauten, die bestimmte Handlungen und Gefühle symbolisieren.

Indische Marionette:
Kuchipferd mit Reiter, Rajasthan.

China und Japan

Am kaiserlichen Hof in China soll es bereits mehrere Jahrtausende vor Christi Geburt Marionetten gegeben haben. Die Puppenspieler dieser exklusiven Hofkunst waren gleichzeitig Mitglieder des Rates oder andere hohe Würdenträger.

Es gab in China auch komplizierte mechanische Puppen, z.B. eine, die zu einer kleinen Tür gehen konnte, wenn es geklopft hatte, und sie öffnete, worauf sie sich verbeugte.

Später beeinflusste diese hohe Kunst des Puppenmachens die Japaner, die ihre großen Bunraku-Puppen mit beweglichen Teilen versahen, sodass diese die Hände und den Mund öffnen und schließen und die Augen rollen konnten.

Die Bunraku-Spiele haben eine 1000-jährige Tradition, aber der Name entstand erst im 18. Jahrhundert. Die Puppenspieler sitzen auf offener Bühne und halten die Puppen neben oder vor sich. Die kompliziertesten Puppen werden von drei Personen bewegt, die die Stäbe und Fäden in den weiten Puppenkleidern manipulieren. Bisweilen sind die Spieler mit schwarzen Hauben und Gewändern bekleidet.

Die Puppen sprechen nicht selbst. Der rituelle Text wird zur Musik der Samise, eines Saiteninstruments, gelesen. Der Vorleser hat dabei seinen Platz neben der Bühne.

Bunraku vereinigt mehrere verschiedene Methoden des Puppenspiels: Fäden-, Stab- und Handtechnik.

Japanische Bunraku-Puppe, die von drei Personen geführt wird. Die Ausbildung der Puppenspieler ist lang und sehr gediegen.

Griechenland und Rom

Im antiken Griechenland hatte das Puppenspiel bereits eine lange Tradition. Im 2. Jahrhundert vor Christi Geburt beschrieb Aristoteles folgendermaßen, wie der Herr des Weltalls das Universum beherrscht: «Nichts ist vonnöten als ein Willensakt, der dem eines Marionettenspielers gleicht, der an den Drähten zieht, damit die kleinen Wesen Kopf oder Hände, Schultern, Augen oder alle Glieder gleichzeitig regen.»

Auch Platon verglich den Menschen mit einer von den Göttern geführten Marionette.

Wahrscheinlich kamen in den altgriechischen Puppenspielen hauptsächlich Marionetten zur Anwendung, weil man damit den besten Illusionseffekt erzielen konnte.

Wie die Puppen des heutigen Sizilien waren die griechischen Puppen vermutlich sehr groß und mittels eines eisernen Stabes am Kopf aufgehängt. Sie waren aus gebranntem und bemaltem Ton, aus Wachs, Elfenbein, Holz oder sogar aus Silber.

Das griechische Puppentheater war, wie es scheint, mit der dorischen Kunst des Mimentheaters verwandt, einer volkstümlichen Art der Unterhaltung, die sich nach und nach auch im Römischen Reich verbreitete.

Um das Jahr 400 n. Chr. hatten sich dort zwei Hauptfiguren herausgebildet, Maccus und Bucco. Der Erstgenannte war unverschämt, witzig und energisch und hatte als

Der Schelm Pulcinella (Polichinelle) nach einem Stich aus dem 17. Jahrhundert.

besondere Kennzeichen eine Hakennase und einen Wanst. Bucco war betrügerisch und feige.

Diese beiden waren die Vorgänger der Commedia dell'Arte-Figur Pulcinella (Polichinelle) aus dem 15. Jahrhundert, die ihrerseits allem Anschein nach unseren Kasper und den englischen Punch beeinflusst hat.

Europa

Nachdem der Fall des weströmischen Reiches auch den des Theaters nach sich gezogen hatte, zogen die Puppenspieler nach Mitteleuropa und führten dort ihre Spieltraditionen weiter. Es sind aus diesen Jahrhunderten keinerlei schriftliche Aufzeichnungen darüber erhalten. Puppen, besonders wenn sie so unsanft wie Spielpuppen behandelt werden, sind vergänglich. Es gibt heute kaum mehr welche, die älter als 200 Jahre sind.

Vermutlich gab es schon im 5. Jahrhundert bewegliche Christus- und Heiligenfiguren in den Kirchen. Es ist überliefert, dass es im 7. Jahrhundert große Puppen gab, die die Augen rollen, nicken und sogar bluten konnten. Ihre Anwendung in religiösem Zusammenhang war jedoch zeitweilig verboten, da sie als anstößig empfunden wurden. Sie überlebten jedoch alle Verbote.

Im 15. Jahrhundert entstanden Marionettenspiele über die Schöpfungsgeschichte und die Passion sowie Mirakelspiele über das Leben der Heiligen. Das Weihnachtsspiel von der Geburt Christi z.B. war sehr beliebt, und man nimmt an, dass die Marionetten daher ihren Namen haben. (Marionette = kleine Maria. Die Herkunft des Wortes kann jedoch auch anders erklärt werden.)

Die Beliebtheit der kirchlichen Puppenspiele lässt sich wenigstens teilweise aus den darin vorkommenden Schnurren und Späßen erklären. Dies wiederum war der Grund dafür, dass die Puppenspiele schließlich aus den Kirchen verbannt und von nun an auf den Marktplätzen aufgeführt wurden, denn die Kirche konnte ja keine Narrenpossen während der heiligen Messe dulden. Auf den Marktplätzen hatten die Zünfte die Verantwortung für die Spiele übernommen. Der Zunftmeister der Bäcker inszenierte das letzte Abendmahl, der der Schlachter die Kreuzigung!

Nun fand ein allmählicher Wandel vom ehemals hauptsächlich religiösen zu einem immer profaneren Inhalt der Spiele statt. Die Figuren, die ursprünglich nur zur Erheiterung der Zuschauer ins Spiel aufgenommen worden waren, erweckten schließlich das größte Interesse. Die Hirten im Weihnachtsspiel machten immer gröbere Scherze. Die Ehefrau des Noah entwickelte sich zu einer keifenden Xanthippe. Heiterkeit erweckende Teufelchen tauchten hier und dort auf und schleppten die armen Sünder in die Hölle.

Die anglikanische Reformation bereitete dem Auftreten von beweglichen Puppen in der englischen Kirche ein Ende. (In Frankreich konnte man sie noch im beginnenden 17. Jahr-

Das zweitälteste überlieferte Dokument, das vom Handpuppenspiel zeugt: Miniatur aus dem Jahre 1344 von Johan de Grise aus *Li romans du bon roi Alexandre*.

hundert finden.) Es entstanden sodann fest etablierte Puppenspieltheater, wo Kampfszenen, Ritter- und Mysterienspiele aufgeführt wurden, und zwar auch unter Musikbegleitung auf der Lyra. Wahrscheinlich hat Shakespeare solchen Spielen oft beigewohnt. In Frankreich waren die Puppentheater eine so gefährliche Konkurrenz für die herkömmlichen Bühnen, dass sie zeitweise geschlossen wurden.

Wir wissen nicht genau, wie alt das Handpuppentheater ist. Aber in der wertvollen französischen Handschrift *Li romans du bon roi Alexandre*, dem Alexanderlied von 1344, findet sich eine Randzeichnung, in der eine Handpuppenbühne mit zwei Figuren und drei kleinen Zuschauern abgebildet ist.

Wandernde Puppenspieler

Die wandernden Puppenspieler hatten oft Handpuppen, weil diese leicht zu transportieren waren und keine komplizierte

Fr. Magiotto: «I Burattini» (die Puppenspieler),
nach einem Kupferstich um 1800.

Bühne erforderten. Diese Puppenspieler waren die reinsten Tausendsassas. Sie konnten zaubern, gaukeln, seiltanzen, jonglieren und Balladen singen. Sie trugen uralte Weisheit und magische Künste weiter – ebenso wie die neuesten Nachrichten und Klatsch. Da sie selten längere Zeit an einem Ort blieben, brauchten sie kein großes und aufwändiges Repertoire. Viele Stücke sind durch mündliche Tradition von Generation zu Generation bis in unsere Zeit überliefert worden. Oft wurde ein Dolmetscher zu den Vorführungen herangezogen, und es konnte vorkommen, dass die Arbeit ihn so inspirierte, dass er sich als Puppenspieler an einem Ort niederließ.

Umherziehende Puppenspieler hatten eine schwere und nicht selten gefährliche Arbeit. Sie wurden für ihren beißenden Spott an den Reichen und Mächtigen verfolgt und oft eingekerkert. Sie persiflierten auch den Theaterbetrieb an den etablierten Bühnen. Was andere nur dachten, wagten sie auszusprechen.

Die wandernden Theatergesellschaften bedienten sich nicht nur handgeführter, sondern auch mechanischer Puppen. Großartige Panoramen, die etwa eine Seeschlacht oder den Weltuntergang darstellten, waren sehr gefragt. In Italien lebt diese Tradition in den mechanischen Weihnachtskrippen weiter, die heute ganz aus Plastik sind und in denen die Puppen sich auf Schienen bewegen. Bei diesen prachtvoll ausgeschmückten Krippenspielen vermisst man jedoch den Menschen hinter der Puppe, den individuellen Ausdruck, die Stimme und damit die Seele der Vorstellung.

Faust

In Deutschland entstand aus einer Ballade des 15. Jahrhunderts ein Puppentheaterstück, aus dem ein richtiger Klassiker werden sollte. Es handelte sich um die Geschichte des Doktor Faust, der mit dem Teufel einen Pakt um seine Seele schließt.

Die erste gedruckte Version des Stückes stammt aus dem Jahre 1587. Sie gelangte auch nach England, wo das Spiel in einer englischen Fassung gegeben wurde, kehrte von dort wieder nach Deutschland zurück und wurde hier außerordentlich beliebt. Das Stück wurde mehrfach umgearbeitet. Es tauchte darin eine neue Figur auf, der Hanswurst, der zuerst nur eine Nebenrolle als Gehilfe von Fausts Famulus Wagner hatte. Mithilfe seiner Ellbogen eroberte Hanswurst sich langsam eine größere Rolle. Das Publikum auf den Marktplätzen und an den Straßenecken schätzte natürlich seinen unkomplizierten, derben Humor. Nicht einmal vor Doktor Faust hatte er Respekt! Die Komposition des Stückes litt schließlich durch die vielen eingestreuten Hanswurstereien. Daher findet man diese Rolle heute nicht mehr auf der Theaterbühne, sondern nur noch in der Welt des Puppentheaters.

Goethe sah als kleiner Junge die Geschichte des Doktor Faust auf dem Puppentheater in Frankfurt und wurde durch sie zu seinem *Faust* inspiriert. Das Faustmotiv hielt ihn sein ganzes Leben lang im Bann.

Goethes *Faust* ging und geht noch immer als Oper, Theaterstück, Ballett, Pantomime und Puppenspiel über die Bühnen der Welt.

Faust und Mephisto.
Marionetten von Harro
Siegel, Deutschland.

Kasper

Der kecke Kasper erblickte vermutlich in den Jahren um 1760 in Österreich als geistiger Sohn des Schauspielers Johan Laroche das Licht der Welt. Schon bald hatte er den Platz erobert, den vorher der Hanswurst innegehabt hatte. Kaspers Persönlichkeit ist bedeutend komplexer als die seiner Vorgänger. Kasper war ursprünglich eine Marionette, wurde aber bald von den Handpuppenspielern übernommen.

Es war früher an der Tagesordnung, dass in klassischen Dramen – etwa in *Romeo und Julia* oder einer tragischen Hamletinszenierung – bei der unpassendsten Gelegenheit plötzlich der Kasper auftauchte! Heute kennen wir ihn als ein recht harmloses Kerlchen in moralischen Schwänken.

Im 18. Jahrhundert hatte das Puppentheater überall in Europa ein gutes Ansehen. Joseph Haydn schrieb zahlreiche Singspiele für Marionetten. Sowohl Jonathan Swift als auch Henry Fielding waren große Bewunderer des Puppentheaters. Auch in Frankreich hatte diese Kunst eine berühmte Liebhaberin in der Schriftstellerin George Sand, die eigenhändig eine Anzahl einfacher Handpuppen herstellte. Ab 1848 hatte sie ein berühmtes Puppentheater in kleinem Format bei sich zu Hause, das zum Sammelpunkt für bedeutende Persönlichkeiten aus dem zeitgenössischen Kulturleben wurde. Eine ihrer Vorstellungen wurde sogar von Chopin und Liszt musikalisch begleitet.

Max Jacob mit Kasper. 32 Jahre lang reiste Max Jacob mit seinem Hochsteintheater. 1957 wurde er zum Präsidenten der UNIMA ernannt.

In Deutschland hat vor allem Franz Graf Pocci viel für die Entwicklung des Puppentheaters bedeutet; er schrieb über fünfzig Stücke, die zum Teil noch heute gespielt werden.

Ferner haben auch Clemens Brentano, Achim von Arnim, Bernhard Shaw, Federico Garcia Lorca und Selma Lagerlöf Stücke zum Repertoire des Puppentheaters beigesteuert.

Punch

In England gab es eine Handpuppe, Punch genannt, die wahrscheinlich ein Nachfolger des italienischen Pulcinella und ursprünglich eine Marionette gewesen war. Dieser Punch entwickelte sich zu einer recht ungemütlichen Figur.

Mit einem dicken Knüppel bewaffnet ging er auf die eigene Familie und auf den Gendarm los. Punch schlug sie samt und sonders mit unbekümmerter Behändigkeit nieder. Während er muntere Reime aufsagte, warf er sein eigenes Baby aus dem Fenster, massakrierte seine Frau und überlistete zu guter Letzt sogar den Teufel selbst.

Er ist wohl der vollendetste Egoist, den die Welt je gesehen hat. Fromm ist er zwar leider nicht, doch als guter Engländer

Punch und Judy in einer der häufig vorkommenden Prügelszenen. Nach George Cruikshank, 1825.

geht er selbstverständlich jeden Sonntag zur Kirche, selbst wenn er gleich darauf einen Priester totschlägt, der ihm mit seinen Bekehrungsversuchen auf die Nerven gegangen ist. So ungefähr beschreibt Fürst Hermann Pückler-Muskau, der im Jahre 1826 auf Reisen in London war, den Punch in einem Brief.

Punch ist ein bösartiger Typ, aber trotzdem – oder vielleicht gerade deshalb – bis auf den heutigen Tag unglaublich beliebt. Er wird immer mit der rechten Hand gespielt, während die Gegenspieler über die Linke gestreift werden, ehe sie der Reihe nach ihr Leben lassen müssen.

Guignol

In Frankreich sah die Hauptfigur des Puppentheaters ganz anders aus. Guignol ist ein Mann aus dem Volk, ein einfacher Arbeiter, der sich für die Armen und Unterdrückten einsetzt. Er ist ein unheilbar naiver Optimist und stets von einem starken, pathetischen Gerechtigkeitsgefühl beseelt. Sein Kumpan Gnafron ist ein rotnasiger Säufer.

Kasper, Punch und Guignol haben dem Handpuppengenre in ihren jeweiligen Heimatländern den Namen verliehen.

Guignol

Orlando Furioso, der rasende Roland

Auf Sizilien lebt noch heute eine alte Tradition weiter. Dort führt man Ritterspiele mit großen, schweren Marionetten auf. Die auftretenden Ritter werden mit kräftigen Eisenstangen gehalten, tragen die prachtvollsten Rüstungen und retten die lieblichsten Jungfrauen.

Das große Epos *Orlando Furioso* umfasst 500 Schauspiele und entstand im Laufe von fünf Jahrhunderten. Es hat seinen Ursprung im *Rolandslied* aus dem 11. Jahrhundert.

Wenn man jeden Tag eine Vorstellung gäbe, würde es drei Jahre dauern, bis man den gesamten *Orlando* gesehen hätte! Womöglich stellten diese unendlichen Fortsetzungsgeschichten mit allabendlich neuen Theaterleichen und Romanzen beim Zuschauer dieselben Bedürfnisse zufrieden wie die ebenso endlosen Familienchroniken im Fernsehen unserer Tage.

Die sizilianischen Puppen haben keine gegliederten Beine. Sie bewegen sich steif mit charakteristisch wiegendem Gang, von dem es heißt, dass ihn die Studenten gern zum Beispiel nehmen, wenn sie durch die Straßen flanieren.

Sizilianische Puppe, an drei kräftigen Eisenstangen befestigt. Ähnliche Puppen, mit denen kriegerische Ritterspiele aufgeführt werden, sind auch in Belgien üblich.

20. Jahrhundert

Gegen Ende des 19. Jahrhunderts sahen es die Puppenspieler als ihre vornehmste Aufgabe an, das Publikum zu unterhalten und in Erstaunen zu versetzen. Im Allgemeinen nahmen sie es nicht so genau mit der literarischen Qualität der Stücke und der Gestaltung der Rollen. Es sollte etwas geschehen auf der Bühne: Seeschlachten mit richtigem Wasser, Feuersbrünste, die manchmal so realistisch waren, dass das ganze Puppentheater in Flammen aufging, Clownnummern und Zirkuskünste mit Explosionen, Rauchschwaden und sonstigen Knalleffekten. Die Puppenspieler besaßen eine unglaubliche Virtuosität im Hantieren mit den Puppen und waren zufrieden, wenn das Publikum lachte und sich wunderte.

Besonders in England gab es eine Vielzahl wandernder Theatergesellschaften, mit bis zu einem Dutzend Wagen, in denen Stühle für 1000 Personen, Klavier, Kulissen, Puppen, Schauspieler, Musiker und vieles mehr transportiert wurden. Die bekannteste Truppe hieß «Thomas Holdens mechanische Marionetten».

Die Vorstellungen wurden in raschem Tempo absolviert, denn es musste dauernd für Abwechslung gesorgt sein. Der Inhalt war im Allgemeinen nicht gerade tief schürfend. Aber viele Glanznummern der damaligen Zeit leben im Repertoire der Unterhaltungsbranche weiter. Man war meist sehr auf die Geheimhaltung der einzelnen Tricks bedacht. Kein Blick hinter die Kulissen war erlaubt!

Drachentöter von Teschner. Stockpuppen. Die Stöcke werden zwischen kleinen Sperrholzplättchen festgeklemmt, die an der Rampe angebracht sind.

1927 kam zum ersten Mal der Gedanke auf, einen internationalen Verein für Puppenspieler zu gründen. Da man ja bis dahin alles getan hatte, um seine Geheimnisse voreinander zu bewahren, war die Idee, dass Puppenspieler gemeinsame Interessen haben, revolutionierend. 1928 wurde in Prag die UNIMA (Union Internationale des Marionettes) ins Leben gerufen. Dr. Malik war ihr erster Sekretär. Die UNIMA ist in vielen Ländern durch Regionalverbände vertreten.

Kennzeichnend für das Puppentheater im 20. Jahrhundert ist das Bestreben, ihm durch Experimentieren neue Seiten abzugewinnen. Es wurden Puppen aus neuen synthetischen Materialien und in großem Format geschaffen, deren Auftritte auch von einem riesigen Publikum verfolgt werden können.

Erst in den zwanziger Jahren inspirierten indonesische Stockpuppen einen vielseitigen Puppenmacher in Österreich namens Richard Teschner dazu, europäische Stockpuppen zu machen. Diese Technik fand großen Zuspruch und ist vor allem in den osteuropäischen Ländern sehr beliebt.

In der ehemaligen Sowjetunion begründeten die beiden Efimovas das pädagogische Puppentheater, das eine so wichtige Rolle in der sowjetischen Kindererziehung spielte, wie wir es uns im Westen kaum vorstellen konnten.

Es gab im Ostblock eine große Zahl fester staatlicher Puppenspiel-Ensembles. In Polen waren es ungefähr dreißig und in der UdSSR über hundert. Das Große Schauspielhaus in Moskau hatte eines der größten Puppentheater-Ensembles der Welt. Durch den Erfahrungsaustausch zwischen verschiedenen Künstlergruppen sind unkonventionelle Mischformen entstanden, so auch das «abstrakte» Theater und das freie Spiel mit Formen und Farben.

Walter Gropius, der Begründer der berühmten Bauhausschule, sammelte Künstler um sich wie Paul Klee und Wassily Kandinsky, die sich auch sehr für das Puppentheater interessierten. Klee fertigte etwa fünfzig Puppen, mit denen sein

Sohn in der Schule Vorstellungen gab. Unter den Zuschauern konnte man oft Kandinsky finden, der mit immer neuen Ideen zum Bühnenbild beitrug.

In der Schweiz wurde in den dreißiger Jahren von Richard und Erika Bargum «Felicia» gegründet, das erste anthroposophisch orientierte Marionettentheater. Rudolf Steiner hatte vor seinem Tod, im Jahre 1924, die Möglichkeiten skizziert, mithilfe des Marionettentheaters Äußerungen des Gefühlslebens wie etwa Furcht zu veranschaulichen. Durch allmähliche Verwandlung des Bühnenbildes mit passender Musikbegleitung könne man seelisch Erlebtes sichtbar machen. Die kleine Bühne ist ein Guckkasten in eine andere Welt. Eines der Ziele, die sich dieses Theater gestellt hat, ist, den Anschein zu erwecken, als wüchsen die Gebärden der Puppen wie spielerische eurythmische Bewegungen aus Stimmungen, die durch Musik und Poesie hervorgerufen werden. Seitdem wird überall auf

der Welt an den Waldorfschulen das Puppentheater als wichtiger Beitrag zur erzieherischen Arbeit betrachtet.

Im modernen Puppentheater ist der Puppenspieler nicht nur oft auf der Bühne zugegen, sondern er nimmt auch als Schauspieler an der Handlung teil. Dabei gibt es ein Risiko: Es geschieht leicht, dass er der Puppe «die Show stiehlt», was für das Publikum verwirrend sein kann. Wenn das Puppentheater seinem Namen gerecht werden will, sollten die Puppen die Hauptrolle spielen.

Baptiste. Marionette von Michael Meschke.

Im Schlusswort seines großen und prächtigen Buches *The Art of the Puppet* schreibt B. Baird: «Kreative Puppenspieler unserer Tage versuchen heute, wieder an die uralte Symbolik anzuknüpfen, durch die die Puppe vermutlich einmal ins Leben gerufen wurde. Wenn sie sich auf der Suche nach diesen alten Wahrheiten ihrem Ziel nähern, stoßen sie auf das Fernsehen, ein Medium, das ihnen dabei ein gutes Stück vorwärts helfen kann, aber, wenn sie sich nicht in Acht nehmen, dem Resultat ihrer Bemühungen einen Anstrich von lähmender Monotonie verleiht.»

Ein Puppenspieler, der eine Inszenierung fürs Fernsehen macht, fühlt sich womöglich zu einer oberflächlichen Spielweise und hohem Tempo veranlasst, denn es muss ja in der kurzen Zeit, die ihm zur Verfügung steht, so viel wie möglich passieren, meint Baird. Weiterhin gibt er zu bedenken, dass richtiges Puppentheater mit direktem Kontakt zum Publikum durch nichts ersetzt werden kann, obwohl der Versuchung natürlich schwer zu widerstehen ist, durch das Fernsehen das Massenpublikum anzusprechen.

Im Jahre 1958 gründete Michael Meschke das Stockholmer Marionettentheater. Er hat im Laufe der Jahre eine bedeutende Anzahl glänzender Vorstellungen gegeben, mit denen er auch in der Bundesrepublik gastierte. In den letzten Jahren sind mehrere aktive Puppentheatergruppen entstanden, die in Kindergärten, Freizeitheimen und Schulen auftreten. Das Interesse, selbst Puppentheater zu spielen, hat allgemein zugenommen.

Amateurtheater

Dies war ein Versuch, einen kurzen Einblick in die Geschichte des Puppentheaters zu vermitteln, soweit das aufgrund der relativ spärlichen Literatur auf diesem Gebiet möglich ist.

Das Puppentheater jedoch, das die größte Bedeutung hat, nämlich das Amateurtheater, hat nie den Anspruch erhoben, der Nachwelt überliefert zu werden. Das Wirkungsfeld des Amateurspielers liegt seit jeher in der Anonymität des häuslichen Kreises. Da hat zu allen Zeiten der Zauber der zum Leben erweckten Puppen den Zuschauer in seinen Bann gezogen.

Die Puppe wird zum Leben erweckt

Puppen aus einem Hemd

Der französische Philosoph des 18. Jahrhunderts, Denis Diderot, erzählt die drollige Geschichte, wie einmal ein Puppentheater zustande kam (frei nach *Rameaus Neffe. Ein Dialog von Diderot*, Goethes Werke, Bd. 15); ein Vater will, dass sein 22-jähriger Sohn endlich auf eigenen Beinen steht und erzählt, wie er es selbst im gleichen Alter anfing:

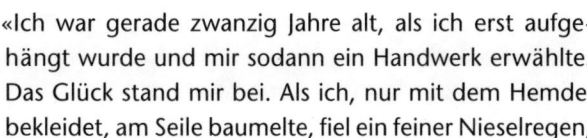

«Ich war gerade zwanzig Jahre alt, als ich erst aufgehängt wurde und mir sodann ein Handwerk erwählte. Das Glück stand mir bei. Als ich, nur mit dem Hemde bekleidet, am Seile baumelte, fiel ein feiner Nieselregen, weshalb sich die Schlinge nicht ganz zuzog. Ein vorbeireitender Husar hieb mit seinem Degen das Seil durch. Ich erholte mich rasch, eilte ins nächste Dorf, wo ich im Wirtshaus Quartier nahm, bat um vier Bogen Papier, Tinte und Feder, Brot für einen Sou und ein Gläslein Wein. Sodann schrieb ich auf alle vier Bogen: Heute großes Schauspiel, aufgeführt von dem berühmten Italiener. Sechs Sous in der ersten Reihe, drei in der zweiten. Wer bezahlt, ist dabei! Ich borgte mir eine Fiedel, schnitt mein Hemd entzwei, machte daraus fünf Puppen und bemalte sie mit Tinte und einem Quäntchen eigenen Blutes. Dann spielte ich abwechselnd mit den Puppen, sang und spielte die Fiedel, wobei ich mich hinter einem aufgehängten Teppich verborgen hielt. Der Saal füllte sich und die Wohlgerüche aus der Küche, die meine Nase kitzelten, gaben mir neue Kräfte. Während einer Woche gab ich zwei Vorstellungen täglich. Als die Woche verstrichen war, wanderte ich mit einem neu erworbenen Rucksack, drei Hemden, einem Paar Schuhe, Strümpfen, Hosen und mit hinreichender Barschaft weiter in Richtung Grenze! Es tat mir nicht einmal mehr der Hals vom Hängen weh!»

Diesen Puppenspieler kann man wohl verwegen nennen, der nackt hinter einem Vorhang in einem voll besetzten Wirtshaussaal spielte! Könnten wir nur einen Bruchteil seiner Courage und seines Erfindungsgeistes aufbringen, wäre wohl nichts in der Lage, uns vom Puppentheaterspielen abzuhalten!

Wenn man außer dem nackten Leben nichts als ein Hemd besitzt – was ist dann natürlicher, als es zu zerschneiden und aus dem Stoff Puppen zu machen?

Eine Puppenwerkstatt

Lieber Leser, sieh dich in deinem Heim um! Gibt es da etwas, das sich zum Puppenspielen verwenden lässt? Eine grüne Wolldecke oder ein etwas fadenscheiniges Betttuch zum Überdecken des Tisches? Ein einfarbiges Tuch, das sowieso

Die Puppenwerkstatt

nie benutzt wird, kann vielleicht als Theaterkulisse dienen. Für das einfache, improvisierte Puppenspiel ist fast alles zu gebrauchen, wenn es der Puppenspieler als tauglich erklärt.

Wir sollten es uns also zur Gewohnheit machen, einfarbige abgelegte Kleider und Stoffe aus Naturmaterial aufzuheben, damit wir eine Schachtel im Schrank haben, aus der wir immer aus dem Vollen schöpfen können. Geerbte Seidenschals, Unterröcke aus glänzender Seide, hauchdünne Gardinen, abgewetzte Wollpullis und weiche T-Shirts aus Baumwolle sind sehr gut zu gebrauchen.

Eine wichtige Voraussetzung für eine Werkstatt zu Hause ist selbstverständlich, dass es nicht verboten ist, zeitweilig Unordnung um sich zu verbreiten und Stoffe aller Art in Haufen um sich aufzutürmen.

In Schulen, Kindergärten und Freizeitheimen könnte vielleicht auch ein Teil der von den Kindern vergessenen und nicht abgeholten Kleidungsstücke in diese Sammelkiste wandern.

Selbstverständlich ist es auch ein herrliches Gefühl, sich manchmal ein nagelneues Stück Stoff, Leder, Seidenpapier, Schleier, Goldlitze und Wolle zum Ausstopfen zu leisten statt ausschließlich Altes und bereits Abgenutztes zu verwenden.

Das Puppenmachen und die Fertigung von Spielzubehör ist umso leichter, je mehr Material man zur Auswahl hat. Nicht selten wird man feststellen, dass der Stoff direkt dazu inspiriert, dies oder jenes daraus zu machen. Welch ein Glücksgefühl, vor einem Regal mit Stoffen in allen Farbnuancen zu stehen!

Jetzt haben wir also genug gesammelt, um anfangen zu können! Welches Lieblingsmärchen oder -lied wollen wir uns aussuchen? Es ist gar nicht so schwer, den Text in ein Puppenspiel umzusetzen.

Einfache Puppenspiele

Bei Stegreifspielen mit Kindern und ein paar Fingerpuppen hält man sich am besten an einfache Reime und Spiele, die auf das wiederholte Verschwinden und Wiederauftauchen einer Puppe aufbauen. Improvisierte Geschichten kann man weiterspinnen.

Aus Papas Westentasche kann z.B. jeden Abend ein kleiner Fingerzwerg als Sandmännchen auftauchen.

Das Lieblingskaninchen des Kindes kann «lebendig» werden und in Mamas Rockfalten oder auf der Bettdecke spielen. Das gibt dem Kind den Anreiz, sich mit seinen Spielsachen selbst weiter zu beschäftigen. Wir können uns auch kleine Geschichten ausdenken, die von Abenteuern handeln, die die Tiere draußen erleben. Hier ist die Rede von kurzen Geschichten, die je nach Lust und Laune des Erzählers jeden Abend weitergesponnen werden. Jede Fortsetzung muss jedoch einen richtigen Abschluss bekommen, sodass Lisa ihr Häschen in Sicherheit weiß und in Ruhe einschlafen kann.

Wenn die Puppe jeden Abend im Bett die Decke bis zum Kinn hochzieht, macht Lisa es ihr genau nach, wenn die Geschichte zu Ende ist. Hört sie immer wieder zum Abschluss der Geschichte dieselben Worte, dann kann sie sie bald auswendig und kriecht darauf glücklich und zufrieden unter die Decke.

In Kindergärten oder Freizeitheimen kann man eine Tischbühne aufbauen – eine aus Stoff drapierte Landschaft, die mit Stehpuppen bevölkert ist. Bei der täglichen Märchenstunde wird in Fortsetzungen von den Abenteuern der Puppen erzählt. Danach können die Kinder alles am Tisch noch einmal selbst durchspielen. Dies ist also eine Art Theaterspiel für alle Tage, das ohne große Vorbereitungen in den Tagesablauf zu integrieren ist.

Puppenspiel auf dem Stundenplan

Im Handarbeits- und Werkunterricht des 4. bis 6. Schuljahrs können die Kinder Puppen für ein Spiel basteln, das sie zusammen mit einem Lehrer ausgesucht haben. Wenn die Puppen fertig sind, können die Kinder im Deutschunterricht den Text einstudieren und aufsagen und schließlich das Ganze zu einer richtigen Vorstellung für eine andere Klasse ausbauen. Natürlich können außerdem noch andere Fähigkeiten geübt werden, indem man die Puppen in einer Fremdsprache sprechen lässt. Ein Marionetten- oder Handpuppenensemble kann einer Klasse Arbeitsstoff für ein ganzes Jahr liefern. Es ist eine schöne Aufgabe für eine Gruppe von Schulkindern, einer niedrigeren Klasse oder Kindergartenkindern mit einer Puppentheateraufführung eine Freude zu bereiten!

Eine lebendige Tradition

Wie viel wertvolle Traditionen werden unwichtig oder verlieren ganz und gar ihren Sinn! Können wir ihnen vielleicht mithilfe des Puppentheaters einen neuen Inhalt geben?

Zu Weihnachten freuen sich die Kinder sehr über ein einfaches Weihnachtsspiel mit der Krippe und den Hirten. Der Kindergeburtstag macht mit dem Puppentheater viel mehr Spaß als mit einem sterilen Videofilm.

In dem Buch *Det glada Sverige* von Bengt Idestam Almquist (1948) kann man zu dem hektischen Tempo, in dem in der Unterhaltungsindustrie die Sensationen Schlag auf Schlag folgen müssen, diese Überlegung finden: «Der moderne Mensch verlor zusehends seine Verwurzelung im Geistigen. Eine innere Unruhe befiel ihn, er wollte vergessen, sich berauschen. Die Geschwindigkeit ist ein verlässliches Betäubungsmittel. Deshalb ist Zirkus, Tivoli und Varieté etwas für die Generation, die Eisenbahn, Auto und Flugzeug erfunden hat.»

Beim Lesen dieser Zeilen drängt sich folgender Gedanke auf: Wie groß muss unsere Unruhe sein, da wir außer Eisenbahn, Auto und Flugzeug nun auch noch Raketen und ferngesteuerte Roboter haben? Kann in unserer schnelllebigen Gesellschaft das Tempo eigentlich noch erhöht werden? Die Flimmerbilder der Fernsehmedien, die alle sechs oder sieben Sekunden wechseln, fesseln unseren Körper in unnatürlicher Unbeweglichkeit, während unser Bewusstsein von einer maßlosen Sturzflut von Bildern überschwemmt wird. Welche Geschwindigkeiten müssen wir eigentlich noch erreichen, bis wir zur Besinnung kommen und nach anderen Lebenswerten suchen?

Der Unterschied zwischen Film und Puppentheater ist eklatant: Der Film besteht aus platten Bildern, denen die räumliche Dimension fehlt. Da er meistens keinerlei Berührungspunkte mit der persönlichen Welt des kindlichen Zuschauers hat, wirkt er entfremdend.

Wenn wir dagegen zu Hause oder in der Schule für eine Gruppe von Kindern ein Puppenspiel arrangieren, dann

Die Hirten bringen dem Kind ihre Gaben dar.

wenden wir uns an eben diese Kinder. Das Spiel ist im Hier und Jetzt verankert und somit ein Bestandteil ihrer Wirklichkeit. Das Wohnzimmer ist für einen Nachmittag festlich geschmückt. Es duftet nach Wachskerzen, und der Klang von Instrumenten schwebt durch den Raum. Es herrscht eine andächtige, konzentrierte Stimmung, und wir haben die Puppen direkt vor Augen.

Das Allerwichtigste ist vielleicht, dass wir Erwachsenen Zeit und Kraft haben, den Kindern dieses Geschenk zu machen.

Eine Mutter erzählt, dass ihre beiden halbwüchsigen Töchter einmal über ihre Kindheit sprachen, die in ihren Augen schon weit zurücklag. «Was war eigentlich das Beste von allem, als wir klein waren?», fragte die eine. «Mir gefiel am besten die Geschichte, von der Papa fast jeden Abend eine Fortsetzung erzählte.»

Es zeigte sich, dass die Mädchen lange Abschnitte daraus zitieren konnten, während der Vater selbst fast alles vergessen hatte!

Was für ein schönes Gefühl muss es für ihn gewesen sein zu erfahren, dass diese improvisierten Geschichten die Kindheitserinnerungen seiner Töchter so vergoldeten! Wollen wir nicht alle unseren Kindern etwas schenken, woran sie später gern zurückdenken? Ob es nun ein Märchen, ein Puppenspiel oder ein richtiges Theater ist – wir können sicher sein, dass es die Kinder zu schätzen wissen!

Man sollte sich durch nichts davon abhalten lassen (auch von diesem Buch nicht!), auf eigene Faust auf dem unerhört interessanten Gebiet des Theaters mit all seinen Variationsmöglichkeiten weiterzuforschen.

Das Spiel beginnt

 «Wir sind nicht die richtigen Menschen!», verkündet Lisa eines Tages vergnügt. «Wir sind die Puppen von den Großen, und wir wohnen in kleinen Puppenhäusern! Wir sagen, was die richtigen, großen Menschen uns sprechen lassen, die Großen, die bis zum Himmel hinaufreichen!»

Womöglich ist es so, wie Lisa sagt: dass uns die «Großen» von oben her lenken. Aber diese «großen Menschen» oder Götter haben bestimmt alle Hände voll zu tun, um auf uns kleine Menschen aufzupassen.

Wir können nicht erwarten – wie der Schreiner in der indischen Legende –, dass sie auch noch unseren Puppen ihren Geist einhauchen. Das müssen wir schon selber tun! Die Puppen werden zum Leben erweckt. Das Spiel kann beginnen!

Die Praxis des Puppenspiels

Der Inhalt und der äußere Rahmen des Spiels

Das Alter des Publikums

Um das Stück, das gespielt werden soll, auszusuchen, müssen wir wissen, wie alt die Kinder sind, ob auch Erwachsene zusehen usw. Bei einem uneinheitlichen Publikum müssen wir natürlich Rücksicht auf die Kleinsten nehmen.

Im Folgenden bringen wir eine Übersicht über die verschiedenen Techniken des Puppenspiels samt Angaben, für welches Alter sie geeignet sind:

Das Kind im Vorschulalter

Kurze Vorstellungen von ca. 15 bis 30 Minuten.

Fingerpuppen	Kurze Stegreifspiele mit den Fingern und kleinen Püppchen.
Knietheater	Spiel auf den Knien des Erwachsenen mit dem Spielzeug des Kindes, Stehpuppen und einfachen Handpuppen.
Tischtheater	Kurze Spiele ohne Szenenwechsel mit Stehpuppen oder Marionetten.
Handpuppentheater	Spiel mit Puppen, die runde Konturen haben, nicht die eckigen von Karikaturen. Dialog mit den Kindern.

Das Schulkind

Etwas längere Vorstellungen von ca. 30 bis 45 Minuten.
Außer dem oben Erwähnten können nun auch längere und kompliziertere Geschichten mit Marionetten oder detailliert gearbeiteten Handpuppen gespielt werden.

Außerdem sind für Schulkinder zu empfehlen:

Bühnentheater   Der Puppenspieler ist nicht sichtbar.

Kaspertheater   Ab etwa neun Jahren mit Puppen, die
                       stark ausgeprägte Züge haben.

(Schattenspiel, Stockpuppen und Modelltheater werden in diesem Buch nicht behandelt.)

Das ältere Schulkind

Älteren Schulkindern machen Spiele von einer Stunde und mehr Spaß. Sie beschäftigen sich gern selbst damit, kunstvolle Marionetten zu bauen und komplizierte Bühnen-, Ton- und Lichteffekte auszuklügeln.

Bei einer Vorführung für alle Altersstufen, die für die Jüngsten zu lang werden kann, sollte man den Kleinen die Möglichkeit geben, auf leisen Sohlen herumzugehen, ohne zu stören, oder sich mit etwas Modellierwachs oder sonst einem geräuschlosen Spielzeug auf dem Schoß eines Erwachsenen zu beschäftigen. Die Zuschauer schätzen es nämlich sicher nicht, vom Getrappel ungeduldiger Kinderfüßchen oder dem Stoßen gegen Stuhlbeine gestört zu werden! Wir tun den Kleinen den

größten Gefallen, wenn wir Rücksicht auf ihr enormes Bewegungsbedürfnis nehmen und ihnen nicht allzu lange Vorstellungen zumuten.

Wie bereits erwähnt, bedient man sich einer umso einfacheren Spieltechnik, je kleinere Zuschauer man hat, während man für größere das Spiel anspruchsvoller und komplexer gestaltet.

Das Kind erlangt erst mit ungefähr neun Jahren die Reife, karikierende Darstellungen ganz zu erfassen, weshalb wir warten sollten, bis es dieses Alter erreicht hat.

Viele Menschen haben die Erfahrung gemacht, dass in unserem bild- und informationsorientierten Zeitalter auch bei Erwachsenen ein einfaches Tischtheaterspiel einen starken Eindruck hinterlassen kann. Bestimmt kann es für einen gestressten Datentechniker wunderbar entspannend sein, sich in die geruhsame Märchenstimmung einer Puppentheatervorstellung versetzen zu lassen.

Improvisationen

Lisa wird von ihrer Mama auf spielerische Weise ins Bett gebracht (siehe oben). Das ist ein Beispiel dafür, wie man eine Puppe in ein natürliches Stegreifspiel einbezieht. Die aus der Situation entstehenden Impulse und Einfälle leiten uns dabei.

Nichts hindert uns daran, dieselbe kleine Episode mehrere Tage hintereinander zu erzählen, denn Kinder im Vorschulalter lieben die Wiederholung.

Die Stehpuppen können wir in einer Fortsetzungsgeschichte auftreten lassen, in der den Sommer oder sogar das ganze Schuljahr über die Handlung jeden Tag weitergeführt wird. Ein selbst gemachtes Tier oder Püppchen kann darin die Hauptrolle spielen, und Lisa kann dann nach der Märchenstunde in der Miniaturlandschaft damit weiterspielen.

Wenn das Kind älter wird, kann das Spiel die Form eines Dialogs zwischen Puppe und Kind annehmen. Es ist dabei von Vorteil, eine Reihe von Rätseln oder Sprichwörtern zum Würzen des Zwiegesprächs parat zu haben. Eine Handpuppe ist meistens sehr gesprächig, während die Marionette gern still durch feierliche Stücke schwebt, zu denen der Text vorgelesen wird.

Kinder, die schon ein paar Jahre in die Schule gehen (aber nicht Vorschulkinder!), amüsieren sich köstlich, wenn wir Sprichwörter verdrehen, Lieder nicht auseinander halten können oder wenn das Kasperle die haarsträubendsten Geschichten zum besten gibt, gefolgt von einer völlig verdrehten «Moral von der Geschicht'».

Ein Vorteil beim Erzählen dieser eigenen Geschichten und kleinen Märchen ist zweifellos, dass der Erzähler dabei unmöglich richtig müde werden oder in Folge von geistiger Abwesenheit in einen leiernden Tonfall geraten kann, was ja leicht passiert, wenn wir abgespannt sind und aus einem Buch vorlesen. Die Schöpfungen unserer eigenen Fantasie sind uns schließlich nicht gleichgültig!

Die Handpuppe Chen Ping aus dem chinesischen Märchen «Die goldene Axt».

Fertige Geschichten

Wenn es uns schwer fällt, selbst etwas auszudenken, gibt es eine Menge Fertiges zur Auswahl (s. Literaturverzeichnis).

Himpelchen und Pimpelchen

Himpelchen und Pimpelchen,
die stiegen auf einen Berg.
Himpelchen war ein Heinzelmann
und Pimpelchen ein Zwerg.
Sie blieben lange dort oben sitzen
und wackelten mit ihren Zipfelmützen.
Doch nach fünfundsiebzig Wochen
sind sie in den Berg gekrochen,
schlafen dort in guter Ruh.
Sei fein still und hör gut zu:
Sch, sch, sch, sch ...

Andere Geschichten finden wir z.B. in Astrid Lindgrens *Nils Karlsson Däumeling*. Schulkinder hören gerne einen Erwachsenen aus Selma Lagerlöfs *Nils Holgerssons wunderbare Reise* vorlesen.

Aber das Märchen vom Däumling, das die Brüder Grimm aufgezeichnet haben, sowie Andersens Märchen «Däumelinchen» kann kleine Kinder verängstigen. Däumelinchen kehrt nämlich am Schluss nicht zu ihrer Mutter zurück, sondern bleibt bei ihrem Blumenprinzen in dem Land, wo immer die Sonne scheint. Für kleine Kinder ist es sehr wichtig, dass der Held des Abenteuers zu guter Letzt «heim» findet!

Elsa Beskow hat viele schöne Märchen geschrieben, die sich in Puppenspiele umwandeln lassen. Wesentlich ist, dass man einen handlungsreichen Stoff wählt, besonders dann, wenn man sich an Vorschulkinder wendet.

Von Elsa Beskows vorbildlich einfachen und doch so genauen Illustrationen kann man sich zu Puppen- und Blumenkleidern inspirieren lassen. Ein anderer Künstler, der den Puppenmacher zu neuen Ideen anregen kann, ist John Bauer. In dem Buch *Trolle, Wichtel, Königskinder. John Bauers nordische Märchen-*  welt (Stuttgart 2004) findet man seine Illustrationen und eine Reihe schöner Märchen, die sich leicht für die Puppenbühne bearbeiten lassen.

Wenn wir uns weiter umsehen wollen, entdecken wir bald, dass wir die ganze Weltliteratur zu unserer Verfügung haben! Welche Schätze kann man doch in den Bibliotheken entdecken: historische Abenteuer, Mythen, Legenden, Fabeln, biblische Motive usw.! Man muss sich vorsehen, um nicht von der Vielfalt des Materials überwältigt zu werden, sodass man schließlich unfähig wird, eine Wahl zu treffen!

Womöglich stellt sich sogar heraus, dass Lisas Lieblingsbuch zu Hause im Regal wunderbaren Stoff zu Puppenspielabenteuern enthält.

Märchen

Die Volksmärchen erfreuen sich immer wieder allgemeiner Beliebtheit. Ständig werden neue schöne Märchensammlungen herausgegeben. Wir haben also die besten Voraussetzungen, je nach Wunsch wunderbare oder lustige Märchen zu finden.

Es kommen oft Varianten ein- und desselben Märchens vor. Manche davon sind wegen unpassender Gleichnisse oder mangelhafter Komposition nicht zu empfehlen. Wenn man viele Märchen gelesen hat – auch für Erwachsene sind sie eine ganz ausgezeichnete Abendlektüre –, entwickelt man langsam ein Gefühl dafür, welche «wahr» und ursprünglich und welche schlechte Kopien sind. Hat man dann ein Märchen gefunden, das einem wirklich gefällt, lernt man es am besten auswendig, denn dann bekommt man im Umgang mit Kindern und Puppen größere Bewegungsfreiheit.

Schaffen wir es nicht, das Märchen auswendig zu lernen, verliert das Puppenspiel kaum an Qualität, wenn wir direkt aus dem Buch vorlesen, und zwar wörtlich. Es ist durchaus nicht nötig, den Text zu dramatisieren oder in direkte Rede zu überführen.

Die alten Volksmärchen sollten nicht «auf lustig» getrimmt werden. Auch mit dem Ändern der traditionellen Texte tun wir den Kindern keinen Gefallen. Hier sind meines Erachtens Improvisationen fehl am Platz. Die echten Volksmärchen sind künstlerische Schöpfungen, die mit Respekt behandelt werden müssen. Aber deshalb sollen sie natürlich nicht in aller Zukunft in altertümlicher Sprache weiter überliefert werden, sondern «leben» und sich entwickeln dürfen – genau wie wir.

Hier werden einige Märchen vorgeschlagen, die sich gut für Puppenspiele eignen:

Die Bremer Stadtmusikanten	Die sieben Raben
Schneeweißchen und Rosenrot	Der goldene Vogel
	Das Eselein
Jorinde und Joringel	Die Sterntaler
Der Prinz mit den Eselsohren	Die drei Orangen
Iwaschka und das Hemd	Der Eisfürst.

Symbolik des Märchens

Passen eigentlich Märchenprinzessinnen, Schlösser, Hexen und dergleichen mehr in unser aufgeklärtes Zeitalter? Ist es nicht eine übertriebene Vereinfachung, alles schwarz-weiß darzustellen, wie das Märchen es tut? Die Wirklichkeit ist doch so komplex und schwer zu erklären. Diese Tatsache wurde einmal von der fünfjährigen Lisa folgendermaßen in Worte gekleidet:

 «Heute bist du die liebste Mami auf der ganzen Welt! Aber manchmal bist du ganz doof! Und so ist Papa auch … manchmal ganz nett und manchmal ganz doof. Alle Menschen sind so, ein bisschen doof und ein bisschen lieb und nett!»

Aber ganz genauso schildert uns doch das Märchen! In jedem von uns steckt ja der Prinz, aber auch die Hexe. Das Märchen beschreibt den Kampf zwischen Gut und Böse im Menschen. Wir bekämpfen in uns selbst alle möglichen Gefahren: unbeherrschte Triebe, rücksichtslosen Drang nach Macht, Egoismus und Ähnliches, was im Märchen von wilden Tieren, bösen Zwergen, Riesen und Drachen symbolisiert wird. Das Gute und Weise tritt uns dagegen etwa in Gestalt eines alten grauen Mütterchens entgegen, das eine Zauberflöte besitzt, oder auch als kluger Zwerg, als weiser König oder als ein Adler, der uns mit seinem scharfen Blick hilft, den rechten Weg zu finden.

Klugheit, Herzenswärme und Uneigennützigkeit tragen zum Schluss immer den Sieg davon.

Wenn wir das Märchen von Frau Holle erzählen, das von einem hässlichen, bösen, faulen und schwarzhaarigen und von einem blonden, süßen, fröhlichen und hilfsbereiten Mädchen handelt, ist es also sehr wichtig, dass wir uns darüber im Klaren sind, dass es sich nicht um zwei verschiedene Mädchen handelt, sondern um ein und dasselbe, das sowohl seine lichten als auch seine dunklen Seiten hat.

Natürlich kann dieses Märchen, auf falsche Weise und zum verkehrten Zeitpunkt erzählt, auf ein dunkelhaariges Mädchen sehr nachteilig wirken. Aber Märchen können auch eine heilende Funktion haben – sowohl bei Kindern als auch bei

Erwachsenen. Schließlich steckt in jedem von uns ein Stückchen vom Dümmling. Manche Kinder brauchen wirklich den Trost, den sie aus den schönen echten Märchen schöpfen können. Das skandinavische Märchen «Die Hasen des Königs» lehrt uns, dass wir, wenn wir mit anderen Mitgefühl haben, uns in sie einzuleben vermögen und ihnen in der Not beistehen, auch etwas gewinnen können, das uns selbst nutzen kann (das Pfeifchen, das die Hasen des Königs herbeilockt).

Nicht nur Tiere und menschliche Wesen repräsentieren im Märchen verschiedene Seiten unserer Persönlichkeit.

Hier folgen einige Beispiele dafür, wie Landschaften als Ausdruck für seelische Zustände interpretiert werden können (nach Friedel Lenz). Das kann vielleicht beim Gestalten des Bühnenbildes hilfreich sein:

Berg: Ausdruck für eine höhere Wahrheit. Feierliche Stimmung. Vom Gipfel des Berges haben wir Ausblick über die innere Landschaft der Seele.

Brunnen: Schöpferische Tiefe. Kontinuierliche seelische Neuwerdung.

Meer: Zwischen der greifbaren, materiellen und der himmlischen, luftigen und geistigen Welt liegt das unendliche Meer, die seelische Landschaft schlechthin.

Haus: Der menschliche Körper, von der Seele bewohnt. Häuser können einfach, ärmlich und verfallen oder solide,

Das Märchen spielt sich in unserem Inneren ab!

stattlich und prächtig sein; die Skala reicht von der Hütte bis zum Schloss.

Fluss: Der Strom der Zeit. Seelische Beweglichkeit.

Erdboden: Wer mit beiden Füßen auf der Erde steht, ist mit der Wirklichkeit verwachsen, nimmt am Erdenleben teil.

Wald: Grenzland zwischen der Sinnenwelt und der geistigen Welt. Hier können die Triebe hervorbrechen (die wilden Tiere). Hier suchen wir Wege der inneren Entwicklung, verirren uns, finden schließlich einen Weg. Der Wald ist ein Bild der inneren Unsicherheit, durch die sich jeder geistig Suchende hindurchkämpfen muss.

Schloss: Große, reich ausgestattete Wohnung. Kinder wohnen oft in Schlössern, denn für sie hat der Körper keine Grenzen.

Garten: Verschiedenerlei Kräuterkraft. Samen, der keimt, wächst und Frucht trägt, wird in die Erde gelegt.

Sumpf: Kein fester Boden unter den Füßen. Der Mensch befindet sich in einem Zustand unsicherer seelischer und sinnlicher Erfahrungen (Wasser bzw. Land).

Wüste: Zustand der Verarmung und Austrocknung.

Aus Märchen wird Märchenspiel

Bei der Wahl des Märchens und der Spieltechnik müssen wir auf die darin vorkommenden Bilder und Bewegungen Rücksicht nehmen.

   Wandert der Junge in die große weite Welt und erlebt er dabei viele Abenteuer, passt das Tischtheater ausgezeichnet für diesen Zweck, denn auf dem Tisch lässt sich die lange Wanderung darstellen. Im Handpuppentheater müssen vielleicht die

Kulissen ausgetauscht werden, um zu veranschaulichen, dass der Ort der Handlung wechselt. In einer Türöffnung dagegen kann man vertikale Bewegung gestalten:

Mithilfe einer unteren kleinen Bühnenöffnung im Stoff kann gezeigt werden, dass jemand ins Meer taucht oder in die Unterwelt hinabsteigt.

Geschichten, die auf drollige Dialoge bauen, sind wie fürs Handpuppentheater geschaffen. Es gibt viele kurze und lustige nordische Volksmärchen.

Der geschichtliche Rückblick zeigte uns, dass die Handpuppen oft in wüste Schlägereien verwickelt waren (wie der englische Punch). Sie klopften einander den Buckel weich und hielten politische Reden, in denen sie kein gutes Haar an Staatsoberhäuptern, Schauspielern und anderen Personen ließen.

Marionetten dagegen kamen oft in ritterlichen, sakralen oder historischen Spielen zur Anwendung. Danach brauchen wir uns natürlich nicht zu richten, aber die Geschichte des Puppentheaters kann uns lehrreiche Perspektiven zur Benutzung verschiedener Spieltechniken eröffnen.

Bei der Wahl des Stückes und bei den Spielvorbereitungen muss man von Anfang an auf eventuell schwierige Textstellen achten.

Es kann manchmal sehr kompliziert sein, gewisse Teile einer Geschichte für das Puppentheater zu bearbeiten. Findet man keine andere Lösung, muss der Erzähler irgendwie die Handlung überbrücken. Man kann sich auch einer Erzählerpuppe bedienen, die seitlich aus den Kulissen auftaucht und den Kindern notwendige Erklärungen gibt. Diese Figur könnte ebenfalls als eine Art Conferencier dienen, der das Märchen einleitet und auch abschließt, indem er sich direkt ans Publikum wendet und die Fragen der Kinder beantwortet.

Im Punchtheater des 18. Jahrhunderts war eine solche Puppe keine Seltenheit. Sie saß neben der Bühne, kassierte das Geld, und hinderte das Publikum, das damals offensichtlich sehr lebhaft war, daran, gegen Punch direkt handgreiflich zu werden.

Es ist auch wichtig, von Anfang an auf die Zahl der Rollen zu achten. Ist es zeitlich möglich, genügend Puppen herzustellen? Wenn nicht, muss man ein Spiel mit wenigen Mitwirkenden wählen, denn ein Spieler kann ja nur zwei Puppen gleichzeitig halten.

Kommt in der Geschichte eine Volksmenge vor, kann man das so veranschaulichen, dass man eine Reihe einfacher Puppen an einem Kleiderbügel oder einem Stab so befestigt, dass sie alle von einem Puppenspieler geführt werden können.

Es wird sehr schwierig und unbequem, wenn hinter der Bühne zu viele Spieler sind. Für die meisten Stücke reichen zwei. Eventuell kann ja der Erzähler mit einem Handgriff helfen, etwa das Boot, in dem Hänschen rudert, an einem dünnen Faden über den See zu ziehen.

Wetterveränderungen kann man auf dem Puppentheater sehr effektvoll darstellen. Der Wind fegt in Form von mehrfarbigen dünnen Schleiern pfeifend über die Bühne. Schnee fällt und bedeckt die Erde (eine weiße, schwebend leichte Gar-

dine wird über die Bühne gebreitet). Das Gras grünt, wenn wir langsam ein grünes Tuch über die Landschaft ziehen.

Um Dämmerung zu veranschaulichen oder um einer Szene einen besonders geheimnisvollen Anstrich zu verleihen, lässt man ein dünnes Tuch zwischen Bühne und Zuschauern herunter.

Vögel und Schmetterlinge machen sich ausgezeichnet auf dem Marionettentheater. In Märchen wie z.B. «Goldapfel mit Silberblatt», «Jorinde und Joringel» oder «Iwaschka und das Hemd» sind sie sehr hübsch anzusehen, denn ihr Flug durch den Luftraum der Bühne wirkt höchst eindrucksvoll.

Der äußere Rahmen des Puppenspiels

Stimmungsvollen Vorstellungen in der Schule oder im Kindergarten sollte man einen feierlichen «rituellen» Rahmen geben. Das bedeutet auch, dass das Spiel immer am selben Platz stattfindet und immer dieselben Stoffe als Hintergrund verwendet werden. Die Puppenspieler tragen besondere Kleider (für die Kinder, die mitspielen, kann man z.B. aus Baumwollstoffen einfache Kittel nähen, die farblich zum Hintergrund passen). Eine besondere «Theaterlampe» oder ein «Theaterleuchter» erhellt die Bühne.

Schon bei den ersten Vorbereitungen, die getroffen werden, wenn der Leuchter hervorgeholt und geputzt wird und die Kittel gebügelt werden, verstehen die Kinder, dass etwas Spannendes im Gang ist. Erwartungen regen sich und wachsen, ohne dass wir das Wort «Theater» auch nur erwähnt haben!

Auch wenn die Kinder selbst mitspielen dürfen, erfüllt sie eine prickelnde Vorfreude auf das große Ereignis. Die Erwachsenen müssen sich nur die Zeit für die «rituellen» Vorbereitungen nehmen.

Natürlich muss das Stück mehrmals geprobt werden, sodass jeder seinen Platz kennt und alles reibungslos laufen kann.

Naht dann die große Stunde heran, ist es besonders erregend, wenn das Aufbauen der Bühne nicht vor den Augen der Zuschauer geschieht. Geschlossene Türen und geheimnisvolle Mienen sind nicht unwesentlich!

Gesang, Flötenspiel oder dergleichen begleiten den Eintritt der Kinder, nachdem die Vorbereitungen abgeschlossen sind. Wenn alle Kinder Platz genommen haben und sie die Bühne gut sehen können, wird die Tür geschlossen. Die Kerzen neben der Bühne werden angezündet, der vielleicht vorhandene Vorhang aufgezogen, und das Spiel beginnt.

Am Schluss der Vorstellung können die Zuschauer mit ein paar milden Klängen von Musik aus der Märchenstimmung geweckt werden. Jemand bläst die Lichter aus, die Kinder verlassen das Zimmer und schließen die Tür hinter sich. So bleibt ihnen das Gesehene und Erlebte ganz ungetrübt im Gedächtnis. Wir lassen sie also nicht hinter die Bühne kommen und da herumkramen, denn das würde chaotische Erinnerungsbilder hervorrufen.

Das hier Erwähnte gilt für die relativ seltenen Gelegenheiten, wo anlässlich hoher Feiertage ein Puppenspiel aufgeführt wird. Die dabei auftretenden Puppen können den Kindern ruhig unbekannt sein. Sie sehen so lebendig aus, wenn man sie aus einiger Entfernung betrachtet! Wenn wir sie auch nach dem Spiel außer Reichweite der Kinder aufbewahren, behalten sie ihre märchenhafte Ausstrahlung.

Nachdem die Kinder schon einige Puppenspiele gesehen haben, können sie selbst mitwirken. Sie ordnen sich dann ganz selbstverständlich in die Spielroutine ein und behandeln die Puppen mit Respekt.

Bei einfachen, auf Alltagssituationen aufbauenden Stücken, die man mit der Familie oder einer Kindergruppe inszeniert, können Kinder auch mithelfen, Puppen herzustellen und sie abwechselnd während der Vorstellung zu führen. Kleinere Kinder bekommen «Statistenrollen», die z.B. nur darin bestehen, ein kleines Tier über die Rampe gucken zu lassen. Ein Erwachsener muss also am Anfang die Hauptrolle spielen.

Wenn Kinder und Erwachsene dann entdeckt haben, wie viel Spaß das Theaterspielen mit Puppen macht, wollen meistens alle mit dabei sein!

Die innere Haltung des Puppenspielers

Welche Technik man auch immer wählt, ob Fingerpüppchen oder kunstvolle Marionetten, so sind doch die innere Haltung und das Engagement des Spielers ausschlaggebend. Der Zuschauer wird davon angesprochen, er reagiert darauf. Kinder können sich richtiggehend gekränkt fühlen, wenn sie merken, dass der Erwachsene das Puppenspiel nicht ernst nimmt, sondern es eilig und lustlos herunterhudelt, wobei die Puppen nach rechts und links geschubst werden und sogar umfallen!

Kinder reagieren auch verstimmt, wenn sie sich gezwungen fühlen, der Leistung der Erwachsenen Bewunderung zu zollen: Na, mein Kleiner, ist es nicht toll, was für ein einmaliges Theater wir dir geboten haben!

Gegen das Alberne oder Überdrehte beim Erwachsenen wehrt sich das Kind. Das Echte, Ungekünstelte nimmt es dagegen immer mit Begeisterung auf. Haben wir die Puppen mit Lust und Liebe gemacht und das Stück ernsthaft geübt, dann pflegt es auch bei der Vorstellung keine Probleme zu geben.

Schon wenn die Kinder ins Zimmer eingelassen werden, haben wir Gelegenheit, ihre Einstellung zum Puppenspiel zu beeinflussen.

Wenn wir rufen: «Na, nun kommt schon! Beeilt euch ein bisschen, das Theater kann jede Minute losgehen!», und zwar mit der gleichen Stimmlage, als ob wir sie zum Zähneputzen aufforderten oder sie zur Eile mahnten, damit wir den Bus nicht versäumen, ja, dann haben wir die Gelegenheit nicht besonders gut genutzt.

Wenn wir uns dagegen gemessen bewegen, mit feierlich gedämpfter Stimme sprechen, dann deuten wir damit an, dass es sich um eine außergewöhnliche Situation handelt. Unser geheimnisvoller Ton steigert die Erwartung der Kinder. Und selbst sind wir natürlich auch ungemein gespannt, wie das Unternehmen wohl ablaufen wird.

Um das Besondere der Gelegenheit zu unterstreichen, kleidet sich der Puppenspieler nicht zu alltäglich. Wenn Tischtheater gespielt werden soll, tragen die Spieler beispielsweise ein besticktes Hemd oder ein schönes Kleid.

Beim Führen der Puppen während des Spieles gilt es, die Kinder nicht durch unwillkürliche Laute oder Grimassen zu stören, denn das würde ihre Aufmerksamkeit von den Puppen ablenken.

Der Pläneschmied und der Stegreifspieler

Da Puppentheater alles vom reinen Stegreifspiel bis zu sorgfältig einstudierten Texten umfasst, bietet es uns die Möglichkeit, viele Seiten unseres Wesens zu entdecken.

Wer seine Zeit immer exakt nach der Uhr einteilt und von dem Vorschlag, in einer Viertelstunde ins Kino zu gehen oder am nächsten Morgen eine kleine Reise anzutreten, total überrumpelt und in eine leicht verdrießliche Stimmung versetzt wird, ist gewöhnlich kein Meister der Improvisation. So jemand möchte sich erst einmal eine Woche an einen Gedanken gewöhnen, ehe er durch ein schwaches Lächeln kundtut, dass er mit dem Vorschlag einverstanden ist. Ein solcher Mensch wird sich beleidigt dagegen wehren, unvorbereitet in ein Spiel einbezogen zu werden. Dagegen kann es ihn glücklich machen, an einer sorgfältig vorbereiteten Vorstellung mit im Voraus geplanten Proben, gedrucktem Programm und Kartenverkauf beteiligt zu sein!

Eine waghalsige Künstlernatur, die sich stets von einem Abenteuer ins andere stürzt, wird ein leidenschaftlicher Kaspertheaterspieler sein. Er kann improvisieren; und diese Kunst hat ihn schon oft aus kniffligen Situationen gerettet. Er hat Erfahrungen aus vielen Lebensbereichen gesammelt, die dem Kasper jetzt zugute kommen.

Wenn zwei derart verschiedene Begabungen sich zusammentun und durch fleißiges Üben aneinander anpassen, tragen beide in der Regel großen Gewinn davon. Der gegen seinen Willen mobilisierte Pläneschmied muss eine Rolle spielen, die nicht bis ins Detail festgelegt ist, oder sogar völlig unvorbereitet einspringen (auf diese Weise haben übrigens mehrere große Puppenspieler ihre Laufbahn begonnen). Dem sorglosen Stegreifspieler wiederum schadet es gar nicht, wenn er sich nach einem fertigen Text richten muss.

Der Plänemacher lässt sich im Allgemeinen von übertriebener Selbstkritik hemmen. Er kann einfach nichts spontan Entstandenes gutheißen. Er braucht, um aus sich herausgehen zu können, sehr viel Lob. Der Stegreifspieler dagegen hat oft zu wenig Selbstkritik. Er kann, ohne zu erröten, etwas Halbfertiges darbieten oder eine Stunde lang extemporieren, ohne einen Gedanken daran zu verschwenden, ob das Gesagte für die Zuhörer überhaupt von Interesse ist.

Kritik und Theater gehören traditionsgemäß zusammen. Die Tatsache, dass auf das Spiel die Kritik folgt, beunruhigt den peniblen Spieler. Er spielt lieber gar nicht, als sich dem Risiko verheerender Kritik auszusetzen. Daher wird er es vorziehen, hinter einem Vorhang verborgen zu spielen. Da er sich nicht gern auf der Bühne exponiert, ist Puppentheater das Richtige für ihn.

Der Draufgänger lässt sich jedoch kaum durch Kritik von etwas abhalten. «Das wird schon klappen! Und wenn nicht, haben wir es wenigstens versucht. Ist das vielleicht nicht auch etwas wert?»

Kommt nach der Vorstellung doch Kritik, steckt das Genie der Improvisation schon mitten im nächsten Projekt und schüttelt die kritischen Kommentare rasch von sich ab. Den Plänemacher würde das niederschmettern und in tiefes Grübeln versinken lassen, wie er die nächste Vorstellung verbessern kann, denn selbstverständlich muss er jetzt weitermachen, wo er doch so viel Mühe auf die Puppen verwendet hat.

Die meisten von uns sind nicht ganz so extrem wie diese beiden Typen. Auf manche Herausforderung im Leben reagieren wir leichtsinnig wie ein Bohemien, andere Erfahrungen wieder machen uns vorsichtig oder nachdenklich.

Wer erzählt – und wie?

Bei einfachen, anspruchslosen Spielen, bei denen die Puppe das Kind als Partner hat, führt natürlich der Puppenspieler das Wort für die Puppe. Auch beim Handpuppentheater erweist es sich oft als praktisch, dass der Spieler ihr die Stimme leiht – wie überhaupt in jeder Art von Theater, das auf Improvisation und die spontane Mitwirkung der Zuschauer baut.

Will man jedoch eine sorgfältig vorbereitete und inszenierte Vorstellung in der Form des Tischtheaters geben, eignet sich auch sehr gut ein Erzähler, der neben der Bühne sitzt und von dort alles verfolgen kann. Schön gekleidet lässt er sich auf einem mit Stoff drapierten Stuhl nieder und erzählt das Märchen auswendig oder liest es aus einem dicken Buch mit Golddeckeln (mit Goldpapier einbinden!) vor.

Das Puppenspiel veranschaulicht skizzenhaft den Märchentext mit Hilfe von Farbe und Licht. Beim Volksmärchen sollte der Text als das Wichtigste im Zentrum stehen, ebenso wie bei den altehrwürdigen Bunraku-Spielen in Japan. Man erweist dort dem Buch seine Ehrerbietung, indem man es, ehe die Vorstellung beginnt, über den Kopf des Vorlesers hält, der gut sichtbar auf einem Podest sitzt.

Will man Märchen oder andere traditionelle Formen von Erzählungen darstellen, gilt es, den Text so ursprünglich und ganzheitlich wie möglich zu bewahren, d.h. ihn nicht in zu viele Repliken zu zerstückeln oder von mehreren Personen

vorlesen zu lassen. Wenn es sich um ein Märchen handelt, das kurze Dialoge, geheimnisvoll rufende Stimmen oder Reime enthält, die wiederholt vorkommen, können eventuell die Spieler diese dem Erzähler abnehmen.

In Vorstellungen für größere Schulkinder oder Erwachsene kann man natürlich nach Lust und Laune experimentieren und auch stärkere dramatische Ausdrucksmittel gebrauchen. Aber kleinen Kindern sollte man die Märchen mit fester Stimme vorlesen. Der ruhige Fluss der Erzählung trägt dazu bei, dem Kind die Konzentration auf den Inhalt zu erleichtern, statt es durch Kunstpausen und übertriebene Betonungen davon abzulenken. Kinder durchschauen sehr schnell unsere Eitelkeit, wenn wir uns zu sehr «aufspielen» und nur den ausdrucksvollen Klang unserer eigenen Stimme genießen! Das Märchen ist die «Hauptperson», nicht der Spieler! Die Puppen haben ihren Platz dazwischen als Vermittler.

Es ist gut, wenn der Erzähler, der allein spricht, durch verschiedene Tonlagen seiner Stimme den einzelnen Puppen individuellen Charakter verleihen kann. Die Kinder begreifen schon, welche Puppe jeweils durch ihn spricht.

Wer noch nie Puppentheater gespielt hat, wird sich vielleicht anfangs unnötigerweise anstrengen. Bald entdeckt man, wie wenig man die Stimme zu verändern braucht, damit sie wie die eines alten Mütterchens oder eines kecken kleinen Buben klingt, mit wie wenig Aufwand wir unserer Stimme einen zornigen Klang oder durch gedehnte Sprechweise einen Ausdruck der Berechnung und Durchtriebenheit geben können. Übung macht den Meister!

Gute Artikulation ist natürlich das A und O jeder Vorstellung. Wenn die Schauspieler zu leise und undeutlich sprechen, misslingt das Ganze leicht, denn das Publikum will sich nicht anstrengen müssen, um das Gesagte zu verstehen. Auch wenn auf der Bühne verhältnismäßig leise gesprochen wird, müssen die Stimmen tragen.

Beim Handpuppentheater, wo der Spieler hinter einem dicken Vorhang steht, der seine Stimme dämpft, kann man ein paar Spalte zum Durchsprechen im Vorhang lassen, und das Problem ist behoben.

Die Musik

Als Mozart ein kleiner Junge war, soll er einmal von einer Puppentheatervorstellung sehr begeistert gewesen sein. Er spendete der Darbietung seinen Beifall und hatte nur einen einzigen Einwand: Die Musik fehlte!

Selbstverständlich gewinnt das Puppentheater sehr, wenn es von Gesang und Musik begleitet wird. Die Fingerpuppe singt ein Liedchen, während sie vor sich hintrippelt. Kasper und Punch schmieden leidenschaftlich gern Reime und lassen ihre Glöckchen klingeln. Für das Tischtheater lässt sich leicht eine einleitende und abschließende Musik arrangieren. Ein paar milde Töne der Flöte oder eines Klangspiels versetzen die Kinder schnell in eine ruhige und erwartungsvolle Stimmung.

Musikbegleitung auf Choroi-Instrumenten passt ausgezeichnet zum Puppentheater.

Im Laufe der Vorstellung kann eine musikalische Einlage Auflockerung oder Verstärkung des Spieles bewirken. Wenn die Prinzessin in Ohnmacht fällt, fahren wir im selben Augenblick mit der Hand über die Zither oder Leier, sodass die Saiten erklingen. Fallender Schnee kann vom schwachen Klingen des Triangel oder eines Klangspiels stimmungsvoll unterstrichen werden. Man achte jedoch darauf, dass die musikalischen Effekte nicht die Stimme des Erzählers übertönen, sondern man warte damit, bis eine Pause eintritt.

Das Klappern leerer Konservenbüchsen etwa wäre zu laut und zu kräftig, um mit den Puppen, deren charakteristische Züge nur zart angedeutet sind, zu harmonieren. Um Donner anzudeuten, reicht es sehr wohl, wenn man mit dem Fuß ein wenig auf den Boden stampft, und regnet es auf der Bühne, begleitet man das mit leichtem Fingertrommeln auf den Tisch.

Die Geräuschkulisse soll dem Zuhörer eine Hilfe sein und nicht das Gehör abstumpfen! Laute, die wir mit unserer Stimme und unseren Händen und Füßen selbst hervorbringen können, eignen sich im Allgemeinen gut. Selbstverständlich kann man sich auch besondere «Instrumente» zur Erzeugung bestimmter Geräusche herstellen. Ein Pappschächtelchen mit Erbsen, das man vorsichtig umdreht, klingt wie brausende Wogen. Ein Säckchen voller Nägel und Schrauben, taktfest auf den Tisch gesetzt und wieder aufgehoben, hört sich an wie die stapfenden Schritte des Zauberers.

Und um die Musikinstrumente nicht zu vergessen: Glöckchen, Triangeln, Klangspiele, Saiteninstrumente und verschiedene Arten von Flöten können uns helfen, vieles auszudrücken!

Die Puppe

Wie man die Puppe hält

Wenn man gerade mit einem Fingerpüppchen «Guckguck» spielt und die Puppe dabei dauernd vom Finger verliert, trägt das nicht eben zum Gelingen des Spiels bei. Sie muss fest am Finger sitzen, wenn alles klappen soll.

Eine Fingerpuppe kann auf jeden Finger gezogen werden, aber der Daumen kann sich am besten in der Hand verstecken und zwischen den anderen Fingern hervorlugen. Ein Fingerhandschuh kann eine ganze Puppenfamilie darstellen.

Die Stehpuppe hält man mit einem diskreten Griff um den Rücken, sodass ihr Gesicht nicht verdeckt wird. Dass man dabei die Finger ein wenig sieht, stört die Zuschauer meist gar nicht. Wir lassen die Puppen und Tiere so selbstverständlich herumspazieren, wie es auch die Kinder in ihren Spielen tun.

Eine Marionette zu halten ist nicht ganz so einfach, aber das lernt man schnell. Den Kopf- und eventuell den Nackenfaden hält man mit der einen Hand, und mit der anderen hält man den Faden, der die Puppenhände bewegt. Eine Puppe, die an beiden Seiten des Kopfes Fäden hat, kann man durch leichtes Schaukeln nach rechts und links ziemlich naturgetreu gehen lassen, obwohl sie keine Fäden für die Beine hat.

Die Fäden sollen so lang sein, dass der Spieler während der Vorführung stehen kann. Ist die Bühne auf einem niedrigen

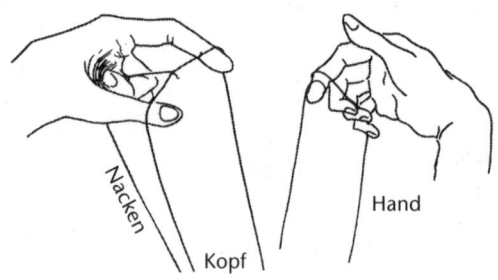

Sofatisch aufgebaut, müssen die Fäden also länger sein, als wenn man z.B. an einem Esstisch spielt. Oft fühlt man sich während des Spiels zu unnatürlichen Körperstellungen veranlasst. Es ist anstrengend, die Hände längere Zeit hoch über dem Kopf oder weit vom Körper zu halten. Übung und entspannende Gymnastik helfen jedoch meistens.

Sind ein paar Puppen auf der Bühne und mehrere Spieler dahinter, kann man sich gegenseitig helfen, indem einer die Puppe hält und ein anderer an den Handfäden zieht.

Es kann manchmal vorkommen, dass beim Marionettentheater die Puppen immer tiefer in die Knie gehen und zum Schluss ganz zusammengesunken auf der Bühne kauern, um dann plötzlich aufzuwachen und einen erstaunlichen Luftsprung von fünf Zentimetern zu vollführen. Solche Missgeschicke lassen die Kinder nicht unberührt, dessen können wir sicher sein!

Der kritische Moment im Puppentheater überhaupt tritt ein, wenn ein Spieler mehrere Puppen gleichzeitig führt. Das muss deswegen besonders geübt werden. Es passiert allzu leicht, dass die Puppe, auf die er sich gerade nicht konzentriert, aus der Rolle fällt. Der Ungeübte tut gut daran, sich auf eine Puppe zu beschränken.

Das gilt aber durchaus nicht nur für das Spiel mit Marionetten, sondern es kann auch leicht passieren, dass, wenn man an jeder Hand eine Kasperlepuppe hat, die eine Puppe unversehens einen unfreiwilligen Abgang macht. Kinder fin-

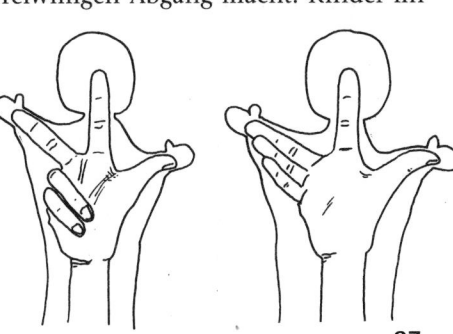

Zwei verschiedene Möglichkeiten, eine Puppe zu halten.

den es besonders schwer, sich gleichzeitig auf beide Hände zu konzentrieren.

Ein Tipp: Man kann einen der Zuschauer bitten, diskret zu husten, wenn eine Puppe hinter der Rampe zu verschwinden droht!

Handpuppen kann man auf ganz unterschiedliche Art und Weise halten. Die Verteilung der Finger am Kopf und an den Händen der Puppe ist dabei individuell verschieden. Tiere können auch zweihändig geführt werden, wobei die eine Hand im Kopf steckt und die andere im Schwanz oder in den Flügeln.

Puppen, die man über die Hand zieht, sollten nicht zu große Köpfe haben, weil das die Proportionen stört.

Die Bewegung der Puppe

Beim Einüben eines Puppenspiels ist ein Spiegel von großem Nutzen. Er wird so angebracht, dass der Spieler das Geschehen auf der Bühne wie von außen mitverfolgen und die Bewegungen, die ja im Puppentheater das Wesentliche sind, kontrollieren kann. Erst durch die Bewegung wirkt die Puppe lebendig!

Hier folgen ein paar Übungen für den Spieler: Die Puppe sich demütig verbeugen lassen, zum Abschied winken, weit in die Ferne blicken, vor Schreck zusammenfahren und Angst bekommen lassen, sie vor Müdigkeit in sich zusammensinken lassen, dann sie wieder ausgeruht aufstehen und guten Mutes in die Welt wandern lassen. Ein für Anfänger typischer Fehler ist, die Puppen in zu heftige Bewegungen zu versetzen. Ein Prinz, der über die Bühne hopst, verliert seine Würde, aber ein Kobold soll ruhig Sprünge tun und hin- und herkrebsen. Wer ein reines Gewissen hat, geht aufrecht. Der Geizkragen und der Bösewicht dagegen stecken den Kopf zwischen die Schultern und schieben sich über die Bühne.

Die Puppe, die gerade spricht, bewegt sich und gestikuliert, während die anderen zuhören und stillstehen. Wenn man das außer Acht lässt und alle Puppen mit ein und derselben Stimme sprechen lässt, kann totale Verwirrung entstehen. Eine Puppe, die zuhört, nimmt eine leicht vornübergeneigte Haltung ein und hebt womöglich eine Hand, wobei der Kopf ein wenig schiefgehalten wird. So steht sie ganz still, bis sie das Wort hat.

Selbst ein hervorragender Puppenspieler tut sich schwer, wenn die Puppen steif und ungeschmeidig genäht oder ungeschickt gebaut sind. Es ist vor allem wichtig, dass die Marionetten aus weichem, biegsamem Material genäht sind, dass sie gelenkig sind und richtig «baumeln». Die Puppe soll haltbar, aber auf keinen Fall zu massiv gearbeitet sein. Nicht mehr weiternähen, wenn man sich davon überzeugt hat, dass alles hält!

Stehpuppen sind natürlich steif. Aber wir lassen auch sie sich vorbeugen und lauschen, sich leicht hin- und herwiegen, wenn sie beunruhigt sind, oder lassen sie vor Ungeduld kleine Hüpfer machen.

Farbe und Temperament

Farben haben verschiedene Wirkungen auf uns. Vielleicht haben wir uns einmal Gedanken darüber gemacht, warum ein flüchtiger Bekannter immer einen etwas düsteren Eindruck auf uns macht und sind zu dem Schluss gekommen, dass es daran liegen muss, dass er stets in Grau oder Schwarz gekleidet geht! Wenn wir jemanden treffen, der leuchtendes Rot trägt, kann uns das aufmuntern und anregen.

Als Farbübung machen wir uns vier einfache, geknotete Wurfpuppen, je eine aus gelbem, rotem, blauem und grünem Stoff in klaren Farbtönen, befestigen sie an Fäden und lassen sie, eine nach der anderen, folgende Arbeit bewältigen: Es gilt, einen (richtigen) Apfel fortzuschaffen, der vor dem «Haus» der Puppen niedergefallen ist.

Gelb entdeckt zuerst den Apfel und stürzt hinaus, um ihn in Augenschein zu nehmen. Er fuchtelt mit den Armen und hüpft eifrig um den Apfel herum, wobei er kaum den Boden berührt, um dann zu den anderen zu eilen, ihnen das große Ereignis mitzuteilen und sie zu holen. Gleich erscheint Gelb wieder auf der Bildfläche, gefolgt von Rot, der zielbewusst auf den Apfel zusteuert und ausruft: «Das geht aber wirklich nicht! Hier kann er auf keinen Fall liegen bleiben, wir müssen ihn fortschaffen!»

Blau und Gelb versuchen, den Apfel von der Stelle zu bewegen.

Inzwischen hat sich Blau dem Apfel knicksend und gleitend genähert und betrachtet ihn träumend von der Seite: «Ach, wenn er sich nur nicht wehgetan hat! Wem gehört er wohl? Jemand hat ihn verloren und ist jetzt sehr traurig! Was in aller Welt sollen wir nur damit machen? Können wir ihn je von der Stelle bekommen?»

Jetzt erst kommt Grün heran, um zu sehen, was los ist, strahlt vor Entzücken, nähert sich den anderen mit wiegenden Schrittchen und löst das Problem kurzerhand, indem er sich anschickt, den Apfel aufzuessen!

Solche kleinen Szenen lehren uns auszumalen, wie der gelbe Sanguiniker vom einen zum anderen flattert und sich mit nie erlahmender Begeisterung in immer neue Abenteuer stürzt, sich aber dabei äußerst selten umblickt und das Begonnene kaum einmal zu Ende führt.

Der rote Choleriker steigt energischen Schrittes direkt ins Geschehen ein und erfasst augenblicklich, worum es geht: das Fortschaffen des Apfels. Er kümmert sich auch darum, dass das geschieht, wenn auch vielleicht nicht immer auf die praktischste Art und Weise. Rot ist nicht selten über die Ratlosigkeit und Unentschlossenheit der anderen aufgebracht.

Der blaue Melancholiker hat zwar eine Menge Ideen, wagt aber nicht, darauf zu bauen, und zweifelt ständig an ihrer Durchführbarkeit. Er breitet sich gern darüber aus, wie die Sache verlaufen wäre, wenn nicht dies oder jenes geschehen wäre, oder wie das Problem hätte gelöst werden können, wenn es ein anderer nicht auf eine ganz andere Art begonnen hätte (was den Choleriker wiederum in Rage bringt!).

Bleibt nur noch der grüne Phlegmatiker, der gutmütig kauend durch das Stück schlendert. Er meint sicher, dass er sich erst zu einem Nickerchen hinlegen kann, ehe er die Arbeit in Angriff nimmt. Es ist ja schon so anstrengend zuzuhören, was alles gemacht werden muss! Grün will alles erst untersuchen. Es gelingt ihm, durch Nachdenken das Wesentliche herauszukristallisieren und dann Rot die eigentliche Arbeit ausführen zu lassen, da dieser ja schon so ungeduldig ist und keinesfalls warten kann.

Bis zum letzten Augenblick fragt Blau sich, ob er wirklich alles recht gemacht hat. Gelb hat schon längst den Schauplatz verlassen, um sich in neue Erlebnisse und Unternehmungen zu stürzen.

Die Farben der Puppen verraten uns also eine ganze Menge über ihre seelische Verfassung und ihren Charakter. Aber außerdem kann man noch ganz anderes mit ihrer Hilfe ausdrücken.

Goldgelb verleiht dem Prinzen und seinem Schloss Licht und Glanz. Pechschwarz passt zu den dunklen Machenschaften des Zauberers und der Hexe. Rosa kann Reinheit und Unschuld verkörpern, aber auch kitschig wirken, wenn es zu süßlich ist. Blau und Lila zeugen von Weisheit, innerem Frieden und milder Besinnlichkeit. Grün ist die Lieblingsfarbe der Natur und eignet sich besonders für den Jäger, die Waldfee und andere mit der Natur verbundene Wesen. Rot stimmt uns festlich, und Purpur symbolisiert königliche Pracht. Die Farben der Kostüme und des Dekors müssen so gut aufeinander abgestimmt sein, dass ein harmonisches Ganzes daraus entsteht. Bei dieser Komposition der Farben muss das Resultat (wie bei schöner Musik) rein und ohne Disharmonie sein. Bei Spielen für kleinere Kinder ist ein schwarzer Hintergrund zu vermeiden.

Auftritt und Abgang der Puppen

Mit dem Auftritt und dem Abgang der Puppen sollte man es genau nehmen. Es ist wichtig, dass sie nicht auf die Bühne flattern, sich um die eigene Achse drehen oder plötzlich aus dem Nichts auftauchen.

Auf dem Tischtheater baut man eine lange Kulisse auf, die aus Berg, Haus und Wald besteht, hinter der die Puppe hervorkommen und wieder ganz verschwinden kann. Solange die Zuschauer noch das letzte Zipfelchen von der Puppe sehen können, muss sich diese ihrer Rolle entsprechend weiterbewegen. Es darf auf keinen Fall so aussehen, als flattere sie wie ein wundgeschossener Vogel davon!

Das Kasperle braucht rechts und links vom Vorhang seitlich noch Platz, um ganz von der Bühne abzugehen, bevor der Spieler die Hand senkt. Durch einen Spalt in dem Vorhang, der die hintere Kulisse des Theaters bildet, können die Handpuppen rechts oder links hinausschlüpfen.

Es muss nicht alles gezeigt werden

Beim Tischtheater mit Stehpuppen oder Marionetten wird so viel wie möglich der Fantasie des Zuschauers überlassen. Eine Geste reicht, damit das Publikum versteht, dass die eine Puppe jetzt der anderen beispielsweise ein wichtiges Schlüsselchen weitergereicht hat. Deutliche Gebärden ersetzen also Requisiten. Es braucht auch nicht alles an Fäden aufgehängt zu sein, sondern man kann ebenso gut eine Kleinigkeit mit der Hand hinlegen oder ein kleines Tier mit der Hand führen. So entsteht eine Mischform aus Stehpuppen- und Marionettentheater. Aber spannender ist es selbstverständlich, wenn das schimmernde Ballkleid oder die Rüstung durch einen fast unsichtbaren Faden aus dem Ohr des Pferdes hervorgezaubert wird!

Aufbewahrung der Puppen

Die kleinen Finger- und Stehpuppen können in einer Schachtel wohnen, die bei den Kinderspielsachen aufbewahrt wird, oder in einem geflochtenen Körbchen liegen.

Schwieriger ist es, einen Platz für die größeren Handpuppen und Marionetten zu finden. Näht man an eine Handpuppe eine Öse oder einen Ring, kann sie in eine Plastiktüte gesteckt und verkehrt herum an einen Haken gehängt werden. In dem Zustand allerdings sollten unsere Kleinsten sie nicht zu Gesicht bekommen, da sie dann vielleicht auf die Idee kommen, sich auch eine Plastiktüte über den Kopf zu ziehen. Auch mithilfe von Wäscheklammern kann man die Puppen aufhängen. Eine andere Möglichkeit wäre, sie in geeignete Taschen oder Kartons zu packen; man darf sie jedoch nicht hineinpressen, da sie sonst zerknittern. Ein schriftlicher Vermerk, außen angebracht, hilft uns jederzeit, die gesuchten Puppen schnell zu finden.

Marionetten bewahrt man am besten an Kleiderbügeln auf, an denen in gleichmäßigem Abstand Schräubchen befestigt sind. Wenn die ganze Puppengesellschaft da baumelt, steckt man sie in einen Stoff- oder Plastiksack, der oben zugeknotet wird. Den Kleiderbügel verwahrt man in einem Schrank oder auf dem Dachboden. Geht man mit seinen Puppen auf Tournee, tut man gut daran, schon vorher zu überlegen, was an Kulissen und Zubehör in einem Reisekoffer Platz hat. Als Letztes kommen dann die Puppen an ihrem Bügel in den Koffer, und den Kleiderbügel legt man einfach auf die Puppen. Sie liegen dann sicher und geschützt in dem geschlossenen Koffer, wenn er voll genug ist.

Die Bühne

Der Körper als «Bühne»

Das Fingerpuppenspiel zusammen mit einem Kind kann man wirklich zu Recht als intimes Theater bezeichnen. Das Püppchen an meinem Finger sucht sich einen Weg in die Hand des Kindes, wohnt in einer Westentasche, spitzelt hinter meinem

Ohr hervor und macht sich beherzt auf den Weg über unsere Knie.

Selbstverständlich kann man auch für diese kleinen Püppchen eine Bühne zurechtstellen und Miniaturkaspertheater spielen, was Schulkindern oft Spaß macht.

Fingerpuppen oder kleine Stehpuppen können zu Hause an strategischen Punkten ihren Platz haben, vielleicht neben dem Zahnputzbecher, um Lisa mit der Zahncreme zu helfen, oder im Schuh, damit das Schleifenbinden überwacht werden kann. Omas Besuch wird noch ungeduldiger erwartet, wenn in ihrer Handtasche ein Heinzelmännchen haust. Das langweilige Warten in einer Schlange verkürzen wir, wenn aus unserer Manteltasche heraus ein Fingerpüppchen in Erscheinung tritt.

Auch Stehpuppen können praktisch überall auftreten, im leeren Fach eines Regals, auf einem Tisch, der Rückenlehne des Sofas im Wohnzimmer oder auf meinem Schoß.

Mehrere Personen, die im Halbkreis mit einem großen Tuch über die Knie gebreitet sitzen, können die Puppen zwischen sich hin- und herwandern lassen. Es sollten jedoch einfarbige Stoffe oder Decken verwendet werden, weil der Spielplatz sonst zu unruhig wird.

Tischtheater

Der Tisch, den wir zu einem Tischtheater benötigen, kann ruhig niedrig, muss aber lang sein, am besten so lang, dass er eine Querseite des Zimmers einnimmt.

«Aber so einen Tisch haben wir nicht», sagt vielleicht jemand. Das ist nicht weiter schlimm, denn eine lange Tischbühne kann man auch aufbauen, indem man auf Stühle oder Hocker ein paar lange Bretter, eine Tisch- oder Spanplatte oder ganz einfach einen großen Pappkarton legt. In manchen Betten liegt unter der Matratze so eine Platte, wie wir sie brauchen.

Auch die losen Platten eines Schreibtisches oder sogar eine Campingliege könnte man sich als Bühne denken.

Falls sich nun gar nichts finden lässt, das als Tisch dienen könnte, ist es durchaus möglich, für eine Zuschauergruppe bis etwa 20 Personen direkt auf dem Fußboden zu spielen. Eine Matratze und ein paar Kissen sorgen für das nötige Volumen unter den Stoffbahnen. Der Spieler kniet während der Vorstellung am besten auf einem Kissen.

Man baut nun ein zu dem Stück entworfenes Bühnenbild auf. Muss an einem Ende des Tisches ein hohes, unwegsames Gebirge sein, wie im Märchen vom Eisfürsten? Ein umgedrehter Stuhl, über den weiße Laken drapiert werden, macht sich zu diesem Zweck gut. Eine zusammengefaltete Decke, unter die Stoffbahnen gesteckt, bildet einen sanft abschüssigen Hang. Weiter können Kissen, Bauklötze, Handtaschen, Stiefel,

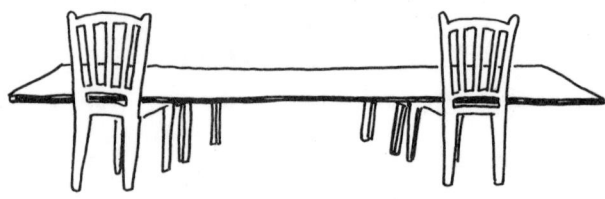

Das Gerüst für die Tischtheaterbühne. Darauf wird mit Bauklötzen oder anderem eine hügelige Landschaft aufgebaut, die man, einschließlich der Stuhlrücken, mit Tüchern überdeckt. Die Stuhlrücken bilden den Hintergrund. Daran können, für das Publikum unsichtbar, die Marionetten aufgehängt werden.

Lampenschirme, Papierkörbe und vieles andere zum Aufbau der Landschaft dienen.

Wenn man zwei kleinere Tische als Bühne aneinander gerückt hat, kann der Spalt dazwischen den Eingang zur Unterwelt darstellen.

Der nächste Schritt ist das Überdecken der Landschaft mit den Stoffen. Die schönsten Farbnuancen und den besten Lichteffekt erzielt man durch Verwendung reinen Naturmaterials, soweit man solches zur Hand hat. Eine grüne Wolldecke eignet sich als Waldboden. Aus glänzender Schantung- oder Futterseide «baut» man den Palast der Elfen oder das Schloss. Machen wir uns also auf die Suche nach einfarbigen Stoffen!

Die größten Tuchbahnen legt man zuunterst, und dann kann man nach Belieben mit kleineren Stoffstücken in anderen Nuancen derselben Farbe schattieren. Man steckt einfach alles mit Stecknadeln fest.

Der Umriss eines Waldes, aus Pappe ausgeschnitten, kann als Hintergrund dienen. Darüber kommt ein Stoff, der an der Unterlage mit Nadeln festgesteckt wird. Die Angelegenheit darf natürlich nicht zu wacklig sein! Ein stabilerer Hintergrund wäre die Rückenlehne eines Stuhles, die auch deshalb praktisch ist, weil man daran während des Spiels die Marionetten aufhängen kann und sie sofort zur Hand hat. Eine andere Möglichkeit wären besondere Haken zum Aufhängen der Puppen.

Als Kontrast zu den einfarbigen Stoffen macht es sich sehr gut, wenn man mit Moos, Baumrinde, Tannenzapfen, Steinen, Muscheln und anderem, das man sich von draußen hereinholt, dekoriert. Der Wald braucht nur mit einem hübschen Zweig in einem Blumentopf angedeutet zu werden, der Meeresstrand mit ein paar Muscheln auf sandfarbenem Stoff und die Höhle des Zwerges mit einem glitzernden Stein. Die Bühne soll auf keinen Fall überladen wirken, hier reichen gewöhnlich sparsame Andeutungen!

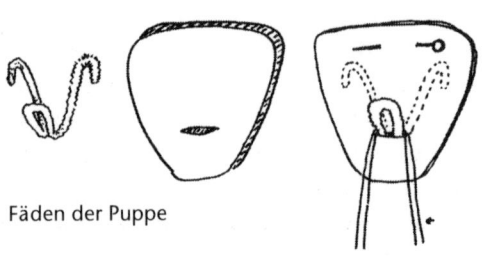

Fäden der Puppe

Einen Pfeifenputzer biegen wie abgebildet. Zwei Stückchen Filz (maximal 10 x 10 cm) zuschneiden. In das eine Filzstück eine kleine Öffnung schneiden, aus der dann der Haken kommt. Den gebogenen Pfeifenputzer zwischen den Filzstückchen festnähen oder -kleben. Der Haken wird an leicht zugänglicher Stelle an der Stoffdekoration hinter der Bühne festgesteckt.

Ein Stück, in dem die Hauptperson in die Ferne wandert, eignet sich vorzüglich fürs Tischtheater. Am einen Ende der Bühne baut man das ärmliche Hüttchen auf, in dem der Junge wohnt, in der Mitte sieht man die tiefen Wälder und hohen Berge, die Drachen und die anderen Stationen der gefährlichen Wanderung, die er bestehen muss. Am anderen Ende erhebt sich das Schloss, wie schwebend auf rosaroten Wolken, in dem die Prinzessin wartet. Dazu nimmt man die teuren, exklusiven Stoffe.

Wenn man ein paar solche «Stoffspiele» inszeniert hat, entdeckt man bei sich selbst ein neues Qualitätsbewusstsein. Man ertappt sich plötzlich dabei, dass man die Kleider und Gardinen seiner Freunde mit Daumen und Zeigefinger befühlt und dabei murmelt: «Das hier wäre ein perfekter See ... und hier haben wir ja genau die Nuance, nach der ich so für die Wände der Hütte gesucht habe.»

So werden nach und nach auch die Freunde am Puppentheater beteiligt!

In dem recht dramatischen russischen Märchen *Iwaschkas Hemd* braucht man einen stabilen Baum, der aber in einer Szene umfällt. Der Junge sitzt im Baum, und die böse Hexe nagt mit ihren eisernen Zähnen am Stamm. In dem Augenblick, in dem der Baum umstürzt, kommt eine Ente und rettet den Jungen. Diesen Baum also kann man aus einem kurzen, schweren Schlegel oder kleinen Schmiedehammer und einem von Stoff umhüllten Schwamm machen.

Den Stamm und die Äste eines Baumes, in dem eine Puppe sich verstecken kann, macht man aus einem stabilen Pappkarton, das Laub aus einfarbigen Taschentüchern, die bündelweise mit den Zipfeln daran befestigt werden.

Wie bereits erwähnt, eignet sich das Tischtheater am besten für Spiele, an denen die Tiere, Puppen, Stehpüppchen und Marionetten der Kinder teilnehmen.

Wer zum Spiel kompliziertere Marionetten mit sinnreichen Aufhängungsanordnungen benutzen will, kann eine richtige Puppenbühne mit Steg gebrauchen, auf dem der Puppenspieler hinter einem Vorhang versteckt spielt. In diesem Fall müssen die Fäden der Marionetten bedeutend länger sein, sodass die Zuschauer nicht die Fadenkreuze und Hände der Spieler sehen können.

Für etwas ältere Schulkinder kann es eine äußerst interessante Aufgabe sein, eine komplette Bühne mit mehrfarbiger Beleuchtung, heb- und senkbaren Kulissen und vielleicht noch Türen, die sich öffnen lassen, zu bauen. Aber für eine solche feste Bühne ist ein spezieller Theaterraum beinahe eine Voraussetzung.

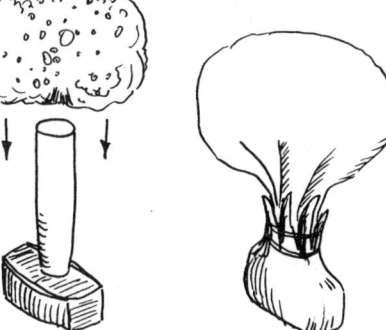

Der Schwamm wird auf den Stiel des Schlegels gesteckt und mit einem Stück grünem Stoff umhüllt, die Wurzel» mit braunem. Dann wickelt man braune Schnur oder Bindfaden um den Stamm, und der Baum ist fertig.

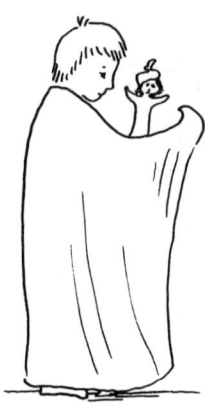

Handpuppentheater

Einfaches Handpuppentheater für Kleinkinder spielt man direkt auf dem Schoß, hinter einer Stuhllehne oder über dem eigenen Arm.

Dabei darf die Puppe nicht so hoch gehalten werden, dass sie in die Nähe des eigenen Gesichts gelangt, weil die Augen des Spielers sonst die Aufmerksamkeit der kleinen Zuschauer vom Spiel ablenken.

Das gilt natürlich nicht für den Fall, dass man, wie auf dem Bild, einen Dialog mit der Puppe führt.

Die Rückenlehne eines Sofas wird mit einem schönen Stoff überdeckt und mit ein paar Zweigen, einem Stein und einem aus Pappe gebauten Haus bestückt. Der Puppenspieler versteckt sich hinter dem Sofa und lässt die Handpuppen über die Bühne wandern, Man könnte das als eine Zwischenstufe zwischen Tisch- und Handpuppentheater bezeichnen. Eine solche Bühne eignet sich bestens für Aufführungen im «kleinen Format».

Die einfachste richtige Handpuppenbühne lässt sich in einer Türöffnung arrangieren (siehe Abb. auf der gegenüberliegenden Seite). Zunächst wird quer vor der Türöffnung in an-

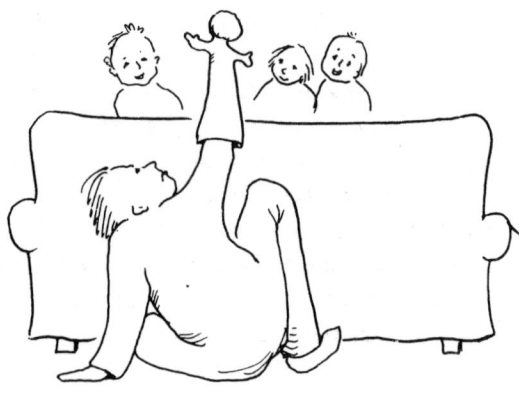

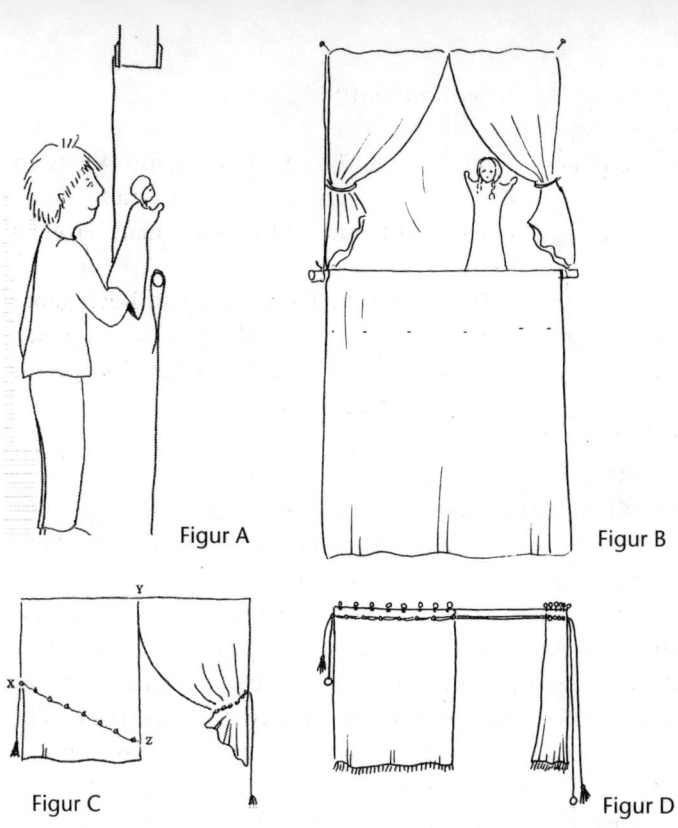

Figur A

Figur B

Figur C

Figur D

genehmer Spielhöhe (etwa Brusthöhe des Spielers) eine Stange befestigt (A). Um keine Nägel in die Wände schlagen zu müssen, kann man die Stange an Schnüre hängen, die an oberhalb des Türrahmens sitzende Haken gebunden werden (B). Über die Stange hängt man eine einfarbige Decke oder sonst ein Stück Stoff (B). Oben am Türrahmen wird eine Gardinenstange für den Vorhang befestigt, der in einer leuchtenden Farbe, eventuell mit Fransen, genäht wird und der an Schnüren auf- und zugezogen werden kann (B). Der Spieler verbirgt sich vor den Blicken der Zuschauer hinter einem dünnen Vorhang, der auf seiner Seite der Tür angebracht ist (A).

Hier folgen zwei alternative Vorhangkonstruktionen:

1. Der Vorhang besteht aus zwei hängenden Teilen. An den Rückseiten der beiden Vorhanghälften werden an je einer schrägen Linie entlang Ringe festgenäht. Der Abstand zwischen Punkt X und Y soll gleich dem zwischen den Punkten Y und Z sein (C). Je eine Schnur wird an der mittleren Vorhangkante festgenäht, durch die Ringe gezogen, in einer Quaste endend, an der äußeren Seite des Vorhangs herab. Der Vorhang hebt sich, wenn man an der Schnur zieht, die dann an einem Haken festgeknotet wird und ihn während der Vorstellung offen hält (C).

2. Vorhang, der an Ringen auf einer Stange läuft. Oben am Vorhang Gardinenringe festnähen. Je zwei Schnüre oben an den mittleren Vorhangkanten festnähen. Die eine Schnur an ihrer Vorhanghälfte durch die Ringe nach außen fädeln und unten z.B. eine Holzkugel anknoten. Die andere Schnur durch die Ringe der anderen Vorhanghälfte laufen und in Form einer Troddel enden lassen. Wenn man dann an den beiden Kugeln zieht, öffnet sich der Vorhang, und er schließt sich wieder, wenn man an den Troddeln zieht (D).

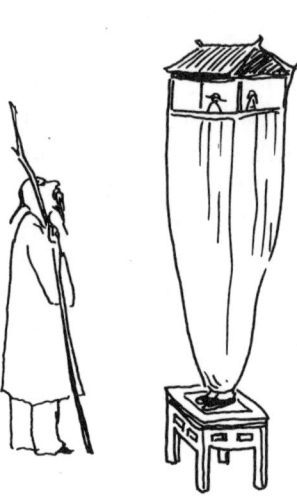

Wer seine Begeisterung fürs Handpuppentheater entdeckt hat, wird sich sicher bald eine transportable Bühne wünschen. Früher waren Wanderbühnen oft mit einem viereckigen Gestell ausgerüstet, das mit Stoffbahnen überhängt wurde und vorne eine Öffnung hatte. In China war die Bühne noch einfacher: Zwei lange Stangen wurden gegen eine Hauswand gelehnt und oben mit einer erkerartigen Kiste versehen, in der sich das Theater abspielte.

Das Majatheater in Stockholm ist ein modernes Beispiel für eine solche Wanderbühne. Dieses Theater ist eine geniale Erfindung: Es ist tragbar, aus Aluminiumstäben konstruiert und auf dem Gestell eines Rucksacks befestigt. Der eine Spieler schnallt sich nun das Theater an Riemen auf den Rücken und steht darin wie in einem Zelt. Das Gestell ist nämlich mit Stoff bekleidet und hat mehrere Bühnenöffnungen, sodass die Puppen an unerwarteten Stellen herausgucken können, sogar zum «Dach» des Theaters! Früher waren «Volkstheater» dieser Art anlässlich von Markttagen und Jahrmärkten an der Tagesordnung. Es kam sogar vor, dass sich Zahnärzte zu Reklamezwecken des Puppenspiels bedienten!

Beleuchtung

Eine sehr stimmungsvolle Beleuchtung für ein Weihnachtsspiel ist der milde Lichterglanz richtiger Kerzen. Sie strahlen im hohen, mehrarmigen Leuchter oder der alten Stalllaterne, die neben der Bühne aufgestellt ist. Auch ein paar dicke, kurze Blockkerzen auf einem Blechtablett erfüllen ihren Zweck. Ein Zuschauer wird gebeten, ein wachsames Auge darauf zu halten!

Schwenkbare Tischlampen, Leselampen, die man überall festklemmen kann, oder Stehlampen mit richtbarem Lichtkegel eignen sich ausgezeichnet für Theaterzwecke. Beim Aufstellen der «Scheinwerfer» achte man darauf, dass weder Spieler noch Publikum davon geblendet werden. Das Licht soll eigentlich überhaupt nicht auf die Zuschauer fallen, sondern von oben, unten oder der Seite auf die Bühne gerichtet sein.

Die Lichtquellen platziert man also zwischen Bühne und Publikum. Die Wirkung der Beleuchtung auf das Bühnengeschehen muss natürlich sorgfältig erprobt werden. Hauptsächlich aus der Froschperspektive angestrahlte Puppengesichter sehen oft merkwürdig verzerrt aus.

Es gibt natürlich farbige Glühbirnen zu kaufen, man kann aber ebenso gut gewöhnliche mit Filzschreibern färben. Bei einer besonders dramatischen Szene können zwei Lampen benutzt werden. Während der Spieler oder ein Zuschauer die bisherige Beleuchtung ausknipst, wird die farbige eingeschaltet. Denken Sie jedoch daran, dass das Knipsen und andere Geräusche von Kindern unmittelbar bemerkt werden. Womöglich stört es mehr als es nützt. Natürlich unterstreicht ein sanft getöntes Licht sehr effektiv die Farben der Landschaft oder die seelische Verfassung der Puppen. Mithilfe von verschiedenfarbigem Plastik, gefärbtem Glas oder einem unifarbenen Lampenschirm kann das Licht variiert werden.

Nach einigen Versuchen wird man bald wissen, wie Glas oder Plastik am besten vor der Lampe befestigt wird, wobei man jedoch stets die Brandgefahr zu bedenken hat. Die Birne darf nie ganz eingeschlossen sein, es müssen stets große Öffnungen zur Belüftung vorhanden sein. Auch durch Taschenlampen mit vorgehaltenen bunten Glasstücken können gute Beleuchtungseffekte erzielt werden.

Ein Rohr aus einer leeren Konservenbüchse, über eine Lampe gestülpt, ergibt einen Scheinwerfer mit richtbarem Lichtkegel. Sägt man mit der Metallsäge vorn ein paar parallele Schlitze in das Rohr, hat man außerdem die Möglichkeit, das Licht mithilfe von buntem Glas oder Plastik, das vor die Birne geschoben wird, zu tönen. Unsere größeren Schulkinder erklären sich gern zur Mitarbeit bereit, wenn sie die Aufgabe bekommen, mithilfe mehrerer Lampen ein regelrechtes Rampenlicht anzuordnen, Schaltpläne für die Beleuchtungsanlage auszutüfteln und während der Vorstellung Beleuchter zu sein.

Da solche technischen Finessen nicht ohne weiteres perfekt funktionieren, muss man, um eine reibungslose Vorstellung zu garantieren, auch die Beleuchtung schon vorher mit in die Proben einbezogen haben.

Der Sinn der Beleuchtung ist, das Augenmerk der Zuschauer auf die Bühne und die Puppen zu richten. Es ist wichtig, sonstige Lichtquellen im Zimmer abzuschwächen, damit die Bühne besser zur Geltung kommt,

Wenn das Wetter gut ist, kann man natürlich auch draußen Puppentheater spielen, und zwar am einfachsten mit Handpuppen.

Requisiten

Eine Faustregel beim Puppentheater besagt, dass zu viele Requisiten beim Spielen hinderlich sind. Also tut man gut daran, solche Schwierigkeiten wie etwa das Überreichen eines Gegenstandes von einer Marionette zur anderen zu vermeiden. Lieber eine Szene vereinfachen als riskieren, dass etwas nicht klappt!

Es ist verblüffend, in welchem Maße die Fantasie der Zuschauer das Spiel ergänzt! Die Bewegungen der Puppen und der Text des Stücks beflügeln unser Vorstellungsvermögen, die Fähigkeit, der Handlung auch dann zu folgen, wenn sie nicht in allen Einzelheiten dargestellt wird.

Trotzdem kommen wir nicht ohne Requisiten aus. Im Märchen vom Eisfürsten holt Aljoscha die rote Blume aus dem Reich des Eisfürsten. Wenn er sich bückt, um die Blume an sich zu nehmen, kann man sie einfach mit der Hand aufheben und in Aljoschas Gürtel stecken, und er hat sie dann bei sich.

Ein Wächter bekommt seinen Stab an der Hand festgenäht. Die Ziege, die im Stück «Der kleine Bergmann» mit Muscheln und Schnecken behängt aus einer Höhle im Berg zurückkommt, in die sie sich verlaufen hat, ist natürlich gegen eine andere ausgetauscht. Aber Vorsicht, kleine Kinder sind aufmerksame Beobachter und entdecken so etwas leicht!

Für kleine Kinder eignet sich am besten ein einfach und konsequent auf einer stabilen Bühne gespieltes Stück.

Bei einer Tischtheatervorstellung kann man auch die Spielsachen des Kindes verwenden, z.B. den Puppentisch, Tellerchen, Kanne, Stuhl oder was auch immer, und die Stehpuppen dazwischen hin und her bewegen und Zwiegespräche führen lassen.

Bei Aufführungen für größere Kinder oder Erwachsene kann man sich eine kühnere Symbolik erlauben. So kann man mit einem Schattenspiel neben der Bühne eine schwierige Szene veranschaulichen, oder man lässt einen wichtigen Gegenstand in «Überlebensgröße» über dem Jungen schweben, wenn er gerade davon träumt.

In dem wunderbaren Dialog zwischen John und Martha von Georges Lafaye, der für Erwachsene sehr amüsant ist, wird Martha von einer Straußenfederboa an Fäden und John von einem schwebenden Zylinder symbolisiert. Sie sind allein auf der Bühne. Ihr leidenschaftlicher Dialog besteht darin, dass die beiden Wörter «John» und «Martha» in Ton und Stimmlage auf alle erdenkliche Weise variiert ausgesprochen werden!

Handpuppen können leichter als Marionetten etwas im Arm tragen. Zwar sind sie etwas unbeholfen, aber die Kinder finden es herrlich, dass die eine Puppe der anderen den Korb an den Arm hängen kann, dass das Kasperle die Hand in die Tasche steckt und der Räuber den Hut vom Kopf nimmt. Das Hin- und Herreichen von Gegenständen ist ein wichtiger Bestandteil aller Handpuppenspiele.

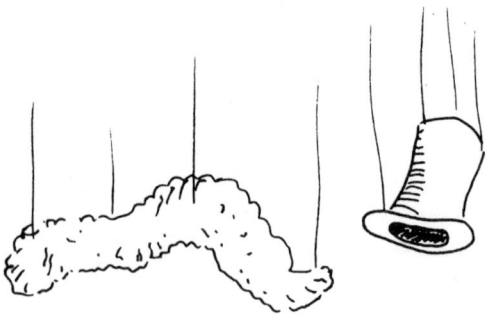

Martha und John
von Georges Lafae.

Aus Bienenwachstäfelchen lassen sich die schönsten Requisiten formen. Auch mittels Nadelarbeit, Schnitzerei, Töpferei oder aus Knetwachs kann man je nach Wunsch alles für das Puppentheater herstellen, was man braucht.

Will man einen Gegenstand auf der Puppenbühne «auftreten» lassen, befestigt man ihn dazu an einem langen Stück Draht oder an einem Blumenstäbchen.

Beeil dich, Aljoscha, der Eisfürst kommt!

Das Anfertigen von Puppen

Anleitung zur Herstellung der Puppen

Material

Wenn man Puppen anfertigen will, fängt man damit an, Folgendes zusammenzusuchen:

- **Garne:** Dünne Baumwoll- und Wollgarne in hübschen Farben, zum Häkeln und Stricken von Fingerpuppen. Am schönsten ist pflanzengefärbtes Garn! Dünnes, ein- oder mehrfädiges Web- oder Möbelstoffgarn, z.B. Kammgarn, in den Farben Weiß, Gelb, Beige, Rot, Braun usw. für das Puppenhaar. Dickere Garne zum Häkeln von Handpuppen.
- **Flachswerg, Putzwolle aus Baumwollfaser oder Wolle,** auch **ungesponnene Seide** können ebenfalls, entweder ungefärbt oder gefärbt, als Haar verwendet werden.
- **Gewaschene kardätschte Wolle** benutzt man zum Ausstopfen der Puppen. Aus kleinen Wollknäueln können wir auch Vögel, Lämmchen und dergleichen herstellen. Sie werden einfach aus Wolle gewickelt, eventuell um ein «Skelett» aus Pfeifenputzern. Wie wäre es mit ein paar Wollwölkchen am Puppenhimmel?
- **Putzwolle, Kapok, Wollgarnreste** und **alte Kleidungsstücke** aus Wolle können statt Rohwolle zum Ausstopfen der Puppen dienen.
- **Fettwatte** und **Watte** zum Füllen von Puppen, die dann allerdings nicht gewaschen werden können.
- **Zusammengeknülltes Papier** kann man in große Puppen stopfen.
- **Steine** und **Steinchen** brauchen wir als Gewichte für die Marionetten und eventuell als Fuß für Stehpuppen.
- **Bleiband** zum Festnähen am Saum von Vorhängen und auch für Marionetten. Vorsicht, die Bleikügelchen sind gefährlich für kleine Kinder!
- **Starken Faden** zum Aufhängen der Marionetten. Nylon-

faden ist zwar durchsichtig, glänzt aber, wenn Licht darauffällt. Ebenso wie anderer synthetischer Faden ist er schwer zu knoten. Daher sind merzerisierter Baumwollfaden, Zwirn oder Knopflochseide vorzuziehen. Ob heller oder dunkler Faden genommen wird, hängt von der Farbe des Hintergrundes ab.

- **Teppichkettgarn** ist zum Abbinden der Puppenglieder oder zum Umschnüren des Puppenkopfes nötig, wenn man diese Technik wählt.

- **Mullbindenschlauch** in verschiedenen Breiten gibt es in der Apotheke und ist sehr gut geeignet zum Herstellen gegliederter Marionetten. Für Arme und Beine benutzen wir ihn in Fingerbreite, für Kopf und Rumpf etwas breiter.

- **Stoffe:** Hautfarbener, geschmeidiger Stoff für Gesichter und Arme und Beine der Puppen. Abgelegte rosa Unterwäsche aus Baumwolle oder Seide, beige Wollstrümpfe und dünne, hautfarbene Pullis können dazu wieder verwendet werden. Neuerdings gibt es hautfarbenes Trikot auch in Bastelgeschäften, die Material für Puppen zum Selbermachen führen. Mit Textilfarbe oder Wachsfarbstiften gibt man den Puppen einen Hauch von Farbe: rosige Wangen oder auch leichenblass wirkende grünliche.

- **Einfarbige Stoffe aus Naturmaterial** für Kostüme und Bühnenausstattung. Gemusterte Stoffe sollten nur ausnahmsweise verwendet werden, etwa zum Betonen und Herausheben einer Einzelheit. Soweit es möglich ist, sollten synthetische Materialien vermieden werden (aber selbstverständlich ist Puppentheater mit synthetischen Stoffen besser als gar kein Puppentheater!). Natürliches Material ist lebendiger und nuancenreicher. Wolldecken, grüne oder braune Laken oder weiße Baumwollstores eignen sich als Unterlage für auf dem Fußboden, Knie oder Tisch gespieltes Theater. Darüber können dann Stoffstücke aus Samt, Frottee, Trikot, Jersey, Baumwolle, Tüll oder Seide drapiert werden, die zu einer Landschaft aus Wiesen, Wäldern und Gewässern zusammenschmelzen oder vor unseren Augen zu prunkenden Schlossgemächern werden.

- **Schirting** ist eine billige Meterware, beim Sattler erhältlich. Dieser Baumwollstoff kann leicht gefärbt werden, knittert aber leider stark.

- **Wollhandschuhe, Socken, Ärmel von Pullovern** und anderen abgelegten Kleidungsstücken können bei der Herstellung von Tieren, Handpuppen usw. Verwendung finden.

- **Sonstiges:** Batikfarbe, Pflanzenfarbe oder andere Textilfarben machen es möglich, auch solche Farbnuancen zu mischen, die nicht fertig im Geschäft erhältlich sind. Textilfarben oder Wachsfarbstifte werden als Schminke benutzt, und schließlich helfen noch Glas- und Holzperlen, Pailletten, Glöckchen, Knöpfe, Gold- und Silberfäden, Lederreste, Spitzen, Gardinenringe, bunte Bänder und Haargummibänder, jeder Puppe ein individuelles Aussehen zu verleihen.

Die einfachen **Wurfpuppen** sind am schönsten, wenn sie aus weichem und geschmeidigem Material geknotet sind, am besten aus Seide.

Stehpuppen können, wie Puppen sonst auch, mit Beinen und mit Kleidern zum An- und Ausziehen gemacht werden oder so, wie sie hier im Buch beschrieben sind. Nehmen Sie

Abb. 1

einen festen Baumwollstoff, etwa Cord, für das kegelförmige Kleid.

Handpuppen müssen strapazierfähig sein, da es den Stoff sehr beansprucht, die Puppen auf die Hand zu streifen und wieder abzuziehen. Dünner Filz beispielsweise hält nicht.

Die **Marionetten** kann man aus ausgewaschenen weichen Stoffen, Veloursamt, Frottee, merzerisiertem Baumwolltrikot (von alten Schlafanzügen oder T-Shirts), Wolljersey oder dünngeschlissenen Wollpullovern und jeglicher Art von hauchdünnen Baumwollstoffen ohne Appretur nähen.

In Märchenbüchern oder in der Literatur über die Entwicklung der menschlichen Bekleidung kann man sich Anregungen für die Gestaltung der Puppenkostüme holen.

Die Größe der Puppe

Sollen die Puppen bei einer intimen, kleinen Vorführung zu Hause auftreten, können sie natürlich verhältnismäßig klein sein; aber wenn wir vor einem größeren Publikum spielen, müssen sie entsprechend größer sein. Man sollte daran denken, dass große Puppen oft schwer und daher anstrengend zu halten sind. Eine Handpuppe, deren Kopf wie ein Gewicht die Hand des Spielers beschwert, ist nicht nur schwierig zu führen, sondern hat abgesehen davon auch hässliche Proportionen.

Bei jedem Puppenmacher fällt die Größe der Puppen anders aus, ja es scheint fast, als wolle die Puppe gerade so und nicht anders werden und als hätten unsere Bemühungen, sie nach unserem Willen zu formen, kaum Einfluss auf sie. Es ist eigenartig, dass jemand, der eigentlich eine lange, dünne Puppe machen wollte, dann doch eine kleine, dicke zustande bringt. Natürlich wird mit einiger Übung das Ergebnis eher mit den Absichten übereinstimmen.

Marionetten sollen an bestimmten Punkten schwer sein, aber nicht im Ganzen. Wenn man ihnen Steine in Füße, Hän-

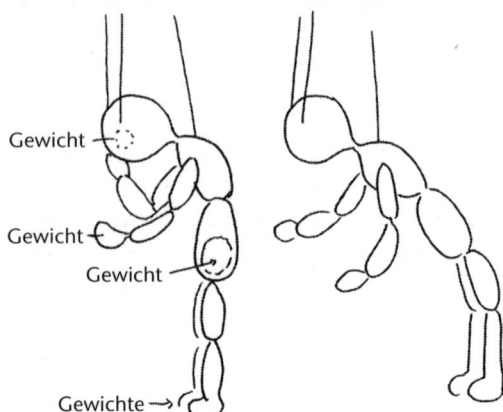

Gewicht

Gewicht

Gewicht

Gewichte →

Abb. 2

de, Kopf und Leib einnäht (gegebenenfalls auch in Ellbogen und Knie), werden ihre Bewegungen harmonisch. Eine Puppe mit schwerem Kopf und leichtem Körper kippt beim Vorbeugen nach vorn. Die Marionette muss lange Arme haben, damit ihre Gestik deutlich wird.

Im Märchen «Vom Jungen, der auf Abenteuer auszog» von Alfred Smedberg ist es effektvoll, die Kobolde fast einen halben Meter groß und klobig zu bauen, im Kontrast zu den zarten Gestalten des Jungen und der Prinzessin. Es ist jedoch schwierig, eine halbe Stunde lang eine so schwere Puppe zu halten. Dann ist es noch am besten, wenn sie an einem Kreuz befestigt ist, da sonst die Fäden in die Hand einschneiden.

Wenn man eine ausgesprochen große Puppe wünscht, die nicht allzu schwer ist, wird ein aus Papiermaché hergestellter Körper mit Stoff bekleidet.

Das Gesicht der Puppe

Sollte eine Puppe Pünktchen als Augen und Mund bekommen oder nicht? Die an sich etwas steifen Stehpuppen wirken lebendiger, wenn das Puppengesicht Augen und einen kleinen Mund in Form von Punkten aufgenäht oder aufgemalt bekommt. Eine Puppe, die an Fäden hängt oder sonstwie beweglich ist, hat das nicht nötig, denn sie spricht den Zuschauer durch ihre Gesten an.

Für Vorschulkinder ist es am besten, wenn die Puppengesichter keine karikierten Züge aufweisen, sondern nur leicht angedeutete. Je weniger Mittel erforderlich sind, um einen bestimmten Gesichtsausdruck hervorzuheben, desto besser ist es.

Hat man größere Zuschauer, dann kann man die Handpuppen mit Wachsfarbstiften «schminken» oder ihnen Augenbrauen, geblähte Nüstern oder Ähnliches aufsticken. Der Sitz der Augen im Kopf entscheidet, ob die Puppe alt oder jung aussieht. In einem Babygesicht sitzen die Augen unter der horizontalen Mittellinie, über der sich hoch die Stirn wölbt. Beim Erwachsenen dagegen sitzen die Augen über der Mittellinie. Ein altes Weiblein hat tief liegende Augen (man zieht sie an einem quer durch den Kopf laufenden Faden etwas nach innen.)

Sind die Puppenaugen aus Wollgarn gestickt, sieht es aus, als ob die Puppe Wimpern hat. Mit Augen aus Perlgarn bekommt sie einen munteren, blanken Blick.

Abb. 3: Verschiedene Gesichtsausdrücke

Der Mund gelingt gut, wenn man ihn mit glattem Glanz-stickgarn oder Nähseide stickt.

Eine müde und frierende Puppe hat einen lila Mund. Ein gefräßiger Dickwanst hat volle, knallrote Lippen Die böse Hexe kann grüne Augen und einen blauschwarzen Mund bekommen.

Jemand, der zum Umsinken müde ist, hat ganz verschwom-mene Augen, die mit verstreut liegenden Stichen genäht und mit einem schwachen blauen Ring aus Wachsfarbstift umran-det werden. Eine blitzgescheite und hellwache Figur dagegen bekommt kornblaue oder nussbraune muntere Äuglein wie ein Eichhörnchen. Wer misstrauisch ist, hat sicher ein Fält-chen zwischen den Augenbrauen, während die freundliche Bäckersfrau ein rundum glattes Gesicht zur Schau trägt.

Es ist eine gute Übung, Ovale auf ein Papier zu zeichnen, in die man dann, jeweils anders, Augen und Mund strichelt. Die Bilderbücher von Elsa Beskow kann man zur Ansicht sehr empfehlen. Es ist bewundernswert, mit welch bescheidenen Mitteln sie verschiedene Gesichtsausdrücke zu gestalten weiß!

Puppen, die auf größere Entfernung wirken sollen, müssen natürlich größere Punkte in stärkeren Farben gestickt bekom-men als solche, die man aus unmittelbarer Nähe sieht. Pup-pen in Statistenrollen brauchen eigentlich gar keine Punkte im Gesicht.

Es reicht manchmal sogar, schon vorhandene Falten im Stoff mit ein paar Stichen zu Gesichtszügen zu vertiefen.

Das Haar und die Frisur

Daunenweiche Wollbäuschchen oder Werg von Flachsgarn, gefärbte Putzwolle oder aufgeribbeltes Gestricktes, ein Stück-chen Leder oder etwas Stroh – der Fantasie sind keine Grenzen gesetzt, was Haar und Bart der Puppen anbelangt.

Abb. 4: Haar aus Wolle und Putzwolle.

Die Prinzessin bekommt natürlich lange, wallende Locken aus dünnem Kammgarn oder anderem Woll- oder Baumwollgarn wirklich guter Qualität. Mohairwolle ist lockig und glänzt, als ob sie feucht wäre. Sie kann mit Nähgarn am Kopf festgenäht werden.

Beim Sticken des Haares sollte man nicht allzu pedantisch sein. Wenn die Stiche symmetrisch und parallel wie mit dem Lineal gezogen sind, wirkt das Ganze steif und unnatürlich. Dagegen muss man es mit dem Festnähen genau nehmen, denn mit einer halb glatzköpfigen Puppe macht man keine Furore. Spielpuppen werden nämlich sehr strapaziert!

Ich habe festgestellt, dass loses, ungesponnenes Material (Wolle, Flachs, Seide) als Haar bei Marionetten dem Puppenspieler Schwierigkeiten bereiten kann, weil sich die Bäuschchen leicht in den Fäden verheddern.

Eine einfache Lösung des Problems ist eine Mütze, die der Marionette über den Kopf gezogen und festgenäht wird, sodass nur noch wenig Haar herausschaut. Abbildung 5 illustriert einige Möglichkeiten, Puppenfrisuren aufzusticken. In meinem *Puppenbuch* (Stuttgart 2000) finden Sie weitere Beispiele.

Kostüme

Der Pullover und die Zipfelmütze einer Fingerpuppe können aus den Fingern eines größeren Handschuhs gemacht werden. Auch die Strümpfe einer Marionette sind vielleicht ehemals Teile eines Fingerhandschuhs gewesen, und ihre Mütze war die

   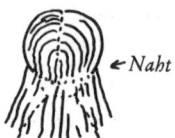

Naht

← Naht

Eine Frisur, die quer über den Kopf gelegt wird, ist schnell fertig.

Von hinten gesehen. Die Naht ist der Mittelscheitel.

Um den Kopf herum festgenäht.

  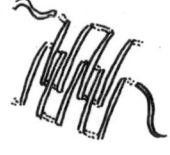 

Gesticktes Haar. Haltbar und naturgetreu.

Am Haaransatz anfangen und mit kurzen Querstichen, die unter dem Stoff verlaufen, und langen, über dem Stoff verlaufenden Längsstichen hin- und hersticken. Am Hinterkopf in Wirbelhöhe für Haarknoten oder Pferdeschwanz Fäden hängen lassen.

Alternativen: Schwänzchen, Zöpfe oder Affenschaukeln hinter den Ohren. Hier werden die Stiche querliegend angebracht. Man geht dabei von einem gedachten Mittelscheitel aus.

Igelkopf.

Eine dünne Deckschicht Haar unterlegen.

Darauf abwechselnd je einen festen Stich und eine lose Schlinge reihenweise von außen zum Wirbel hin festnähen. Dann die Schlingen aufschneiden.

Abb. 5: Aus Garn gestickte Frisuren.

Zehenpartie eines alten Strumpfes. Der abgeschnittene Ärmel eines Baumwollpullis ergibt ein ausgezeichnetes Kleid, und aus einem Dreieck, das aus einem alten Wollpulli geschnitten ist, wird ein warmes Tuch für die Puppe. Aus dem Ärmel einer alten Strickjacke näht man im Handumdrehen ein Paar lange Hosen. Strumpfbeine sind schon mit einer fertigen Kante versehen, die dehnbar ist und sich daher vorzüglich für eine Mütze oder den Bund einer langen Hose eignet.

Aus einem Stückchen Leder lässt sich leicht eine haltbare Königskrone oder ein Schurz für den Vater der Zwergenfamilie zuschneiden.

Mit Goldfäden, Pailletten, Perlen oder einem ausgedienten Bijouterieschmuckstück macht man die Puppe fein. Vielleicht reicht sogar eine einzige Perle. Ein einziger dünner Golddraht, um die Stirn der Prinzessin gelegt, lässt sie schon vor Schönheit strahlen! Die Elfe tanzt in ihrem Schleier, an dem eine einzige Paillette zauberhaft blinkt.

Puppen, die in einem Märchenspiel auftreten oder einen anderen traditionellen Text illustrieren, sollten einfach gekleidet sein. Nicht Spitzen, Dekor and Firlefanz, sondern die Farben und Bewegungen der Puppe sollen das Publikum ansprechen. In einem Märchenspiel sind Puppen dazu da, dem Zuschauer das Erfassen der symbolischen Märchensprache zu erleichtern. Meistens handelt es sich nicht um Beschreibungen eines nur äußeren Geschehens, sondern die Puppen versinnbildlichen einen Prozess auf der geistig-seelischen Ebene im Menschen.

Wenn wir bei der Ausstattung der Puppen und der Herstellung des Zubehörs allzu großen Wert auf realistisches Aussehen legen, fühlt sich der Zuschauer womöglich fälschlicherweise

Abb. 6: Die ausgebreitete Lederkrone.

veranlasst zu glauben, das Wesentliche läge im Materiellen statt im Geistigen. Deshalb sollen auch die Gesichter der Puppen in einem Märchenspiel nicht übertrieben naturalistisch, sondern nur angedeutet und neutral sein. Beim Kaspertheater oder einem anderen prosaischen, lustigen Stück können die Puppen ruhig prächtig gekleidet und «geschminkt» sein. In diesem Zusammenhang braucht man theatralische Effekte nicht zu scheuen! Das Kasperle selbst ist ja mit Zipfelkragen, Glöckchen an der Zipfelmütze und kolossalen Taschen ausgestattet, in denen es alles Mögliche verschwinden lassen kann. Sein Gegenspieler kann ruhig einen hochtrabend-aufgeblähten Eindruck machen oder übertrieben elegant sein.

Der Hintergrund ist, wie bereits erwähnt, ebenso wichtig wie die Kostüme der Puppen, denn wenn er unruhig ist, kommen sie überhaupt nicht zur Geltung.

Die Kostüme der Handpuppen lassen sich sehr gut mit der Maschine nähen, während die der Marionetten in den Maschinennähten leider oft allzu steif sind. Also besser mit der Hand nähen!

Fingerpüppchen

Unser Finger streift sich ein Kleidchen über und hat sich damit – Hokuspokus – in eine richtige kleine Persönlichkeit verwandelt!

Das **Pflaster** an der Fingerspitze kann in ein Gesicht verwandelt werden, und schon tut's nicht mehr so weh!

Etwas feuchte **Gipsbinde**, um den Finger gewickelt und dann trocken geworden, ergibt einen drolligen kleinen Irrwisch.

Ein **Täfelchen aus Bienenwachs** wird geknetet, bis es weich ist, dann plattgedrückt und um den Finger gewickelt. Die Kanten presst man aneinander, bis sie zusammenhalten. Der Kopf wird zwischen den Handflächen gerollt und aufgesetzt. Das Püppchen kann auf Wunsch auch Arme bekommen. Solange das Wachs noch weich ist, bringt man je nach Belieben noch einen Hut, einen Stock oder etwas anderes aus Wachs Geformtes daran an. Die erkaltete Puppe ist steif und kann später als Stehpüppchen eine Tischlandschaft mitbevölkern.

Aus einem **Finger eines wollenen Handschuhs** lässt sich leicht ein Fingerpüppchen machen. Es bekommt Augen und vielleicht auch Mund und Haar aufgestickt. Es können sogar alle Finger eines Handschuhs zusammen eine richtige Fingerpuppenfamilie bilden!

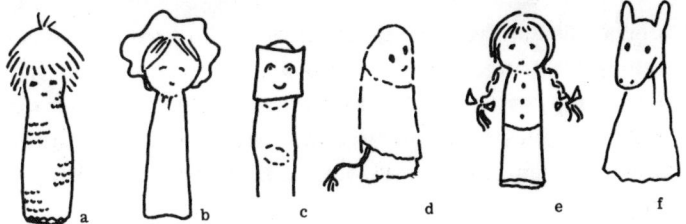

Abb. 7: Eine Reihe verschiedener Fingerpuppen: gehäkelt (a), genäht (b), aus Pflaster (c), Gipsbinde (d), genäht (e) und aus Bienenwachs (f).

Gehäkelte Fingerpuppe

Material: Aus Resten dünnen Garns (Baumwolle oder Wolle) kann man eine Fingerpuppe häkeln (oder natürlich ebenso gut stricken).

So wird's gemacht: Häkeln Sie so viele Luftmaschen, dass sie sich zu einem Ring

Abb. 8

um den Finger legen lassen, für den die Puppe gedacht ist. Dann zum Ring zusammenhäkeln und spiralenförmig am Kleid weiterhäkeln. Zwischendurch anprobieren! Die Puppe

121

muss gut anliegen, damit man sie beim Spiel nicht vom Finger verliert. Nach ca. 5 cm kann man eine Farbe nehmen, die sich für das Gesicht eignet, und etwas zunehmen, sodass sich der Kopf erweitert und rundet. Dann Farbe für die Mütze aussuchen und z.B. eine Zipfelmütze mit einer winzigen Troddel dran häkeln. Ein Haarschopf unter der Mütze und ein Bart aus Wolle – und schon ist das Heinzelmännchen fertig!

Hier kann man wirklich der Fantasie freien Lauf lassen! Es macht Spaß, allerlei Tiere mit langen Schnauzen und Ohren entstehen zu sehen.

Fingerpuppe aus Stoff

Material: Ein Stück hautfarbenes Trikot, das etwas mehr als die doppelte Länge und die doppelte Breite des Fingers hat. Die Stoffrippen müssen parallel zur Längsseite laufen. Filz für Kleider und Mütze, Wollbausch oder dünnes Garn als Haar, Garn für Augen und Mund. Wolle oder Watte, um den Kopf auszustopfen.

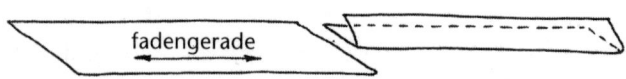

Abb. 9: Parallel zum Fadenlauf umbiegen und zusammennähen.

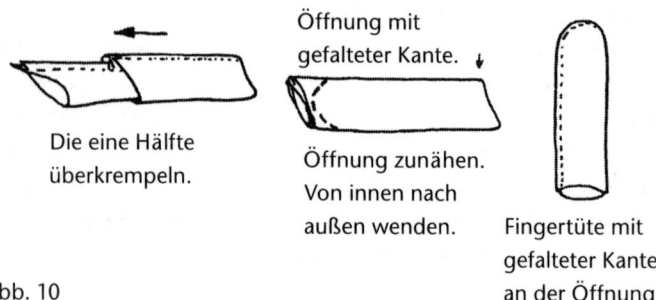

Die eine Hälfte überkrempeln.

Öffnung mit gefalteter Kante.

Öffnung zunähen. Von innen nach außen wenden.

Fingertüte mit gefalteter Kante an der Öffnung.

Abb. 10

122

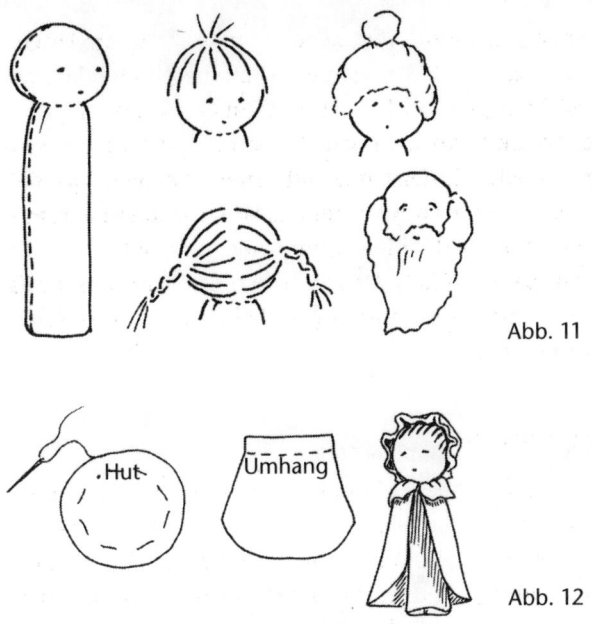

Abb. 11

Hut Umhang

Abb. 12

So wird's gemacht: Das Trikotsstück falten, indem man die beiden Längsseiten übereinander legt, und an der Kante zusammennähen. Die Hälfte des so entstandenen Schlauches zurückziehen, sodass die rechte Seite nach oben kommt. An der Öffnung, wo die Kante nicht gefaltet ist, zunähen und das so entstandene Säckchen von innen nach außen wenden. Das Ergebnis ist eine Fingertüte aus doppelt liegendem Stoff mit gefalteter Kante an der Öffnung.

Ein Woll- oder Baumwollbausch wird als Kopf ganz oben in die Fingertüte gestopft. Mit Bindfaden abbinden, sodass ein Hals entsteht. Der Rest der Tüte soll noch gut den Finger bedecken. Gesicht und Haar nähen. Will man sich das Säumen der Kleider ersparen, nimmt man am besten Filz dazu, sonst Restchen irgendwelcher anderer Stoffe. Aus einem runden Filzstück wird ein Schutenhütchen.

Fingertiere

Material: Filz und Wolle oder Watte zum Ausstopfen.

So wird's gemacht: Auf doppelt liegendem Stoff einen Tier-umriss aufzeichnen und nach unten verlängern, sodass eine Hülse für den Finger entsteht.

Sie muss etwas weiter sein als der Durchmesser des Fingers, denn der Stoff dehnt sich nicht. Außen herum zusammen-nähen, sauber ausschneiden und nach außen wenden, mit Watte oder Wolle ausstopfen. Die Hülse nach innen stopfen. Sie umschließt jetzt den Finger, der in dem Tier steckt. Mähne, Schnabel, Federn aus kleinen Filzstückchen in kontrastieren-der Farbe oder aus Garn annähen.

Ohrenzusatz.
Die Stoffraute
quer falten
und zwischen
die Ohren
nähen.

Abb. 13: Umriss des Tieres aufzeichnen, nähen, überschüssigen Stoff wegschneiden und wenden. Mit etwas Wolle ausstopfen. Fingertüte in das Tier hineinstopfen, z.B. mithilfe eines Blumenstäbchens.

Wurfpuppen

Wenn es eine Puppe gibt, für die die Bezeichnung «Waldorf-puppe» passt, dann ist es wohl dieses äußerst schlichte und vielseitige kleine Püppchen, denn es gehört fest zum täglichen Leben in den Waldorfschulen.

Es entsteht im Nu aus einem Taschentuch, wird in ein Schächtelchen gebettet, zieht sich in eine Mütze zurück und lässt sich dort häuslich nieder, wird, über den Finger gestülpt, zur Handpuppe oder, an Fäden aufgehängt, zur Marionette.

Mit der Hand geführte Wurfpuppe

Material: Hautfarbener Trikotstoff, mindestens 30 x 30 cm. Wolle oder Watte für den Kopf. Gummiring (am schönsten wird es mit einem umwickelten Gummiring, wie man sie fürs Haar benutzt), Garn oder Wolle für das Puppenhaar, Stoff für einfache Kleider.

So wird's gemacht: Ein Wollball wird mitten auf das rund oder viereckig zugeschnittene Stoffstück gelegt und damit umhüllt. Den Gummiring schnürt man um den Hals und achtet dann darauf, dass das Gesicht einigermaßen faltenlos wird. Augen und Mund aufzeichnen oder aufsticken. Haar annähen.

Diese Art von Puppen kann eine erste Klasse im Handar-beitsunterricht fertigen. Aus einem Korb mit Stoffstückchen

Abb. 14

Abb. 15: Zauberer mit Filzhut und Filzumhang.

suchen sich die Kinder, was sie brauchen. Auch wie sie die Puppe mit dem lose drapierten Stoff bekleiden und wen sie darstellen soll, können sie selbst bestimmen. Es ist dann die anregende Aufgabe des Lehrers, eine Geschichte zu erfinden, in der alle Puppen eine Rolle haben.

Die Kinder setzen sich mit ihren Puppen im Kreis nieder, und der Lehrer erzählt ein Märchen, das von den Puppen handelt. Jedes Mal, wenn eine gewisse Figur erwähnt wird, drapiert das Kind, das die betreffende Puppe hat, sie über die Hand, hält sie hoch und lässt sie mit dem Kopf nicken und sich bewegen.

Alternative: Die Puppe kann auch so gemacht werden: Der hautfarbene Trikotstoff wird doppelt gelegt, und die Kinder nähen daraus ein längliches Säckchen, in das die Hand gesteckt werden kann. Kopf mit Wolle ausstopfen und einen Gummiring fest um den Hals schnüren. Im Übrigen wie oben.

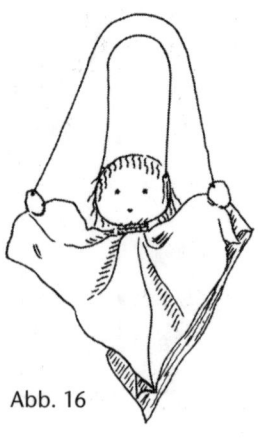

Abb. 16

Wurfpuppe an Fäden

Aus einem viereckigen, dünnen Stück Stoff kann man eine einfache Marionette machen. Als Kopf wird ein Wollbällchen mitten auf den Stoff gelegt. Den Hals ordentlich umwickeln und die Schnur verknoten. Weiter unten an den hängenden Stoffzipfeln zwei kleine Steine einnähen. Das sind die Hände. Augen und Mund aufmalen oder aufsticken und Haare annähen. Die Puppe an einer am Kopf befestigten langen Schlaufe aufhängen und die beiden Puppenhände durch eine zweite lange Schlaufe verbinden, die vom Spieler gehalten wird.

Puppe aus Schleiern

Wer sogar Seidenschleier oder andere hauchdünne Seidenstoffe in seinem Besitz hat, kann sie leicht in Winde, Geister, Wasserwesen und dergleichen verwandeln; der Stoff bekommt einfach hier und da ein paar Knoten und wird dann an Fäden aufgehängt. Um dem luftigen Gebilde auch Haltung zu geben, knotet man kleine Gewichte (Steinchen) darin fest oder stopft es mit Wolle aus. Nie Löcher in den Schleier schneiden, denn er kann wieder verwendet werden!

Die Schleier können auch, um die Hand drapiert, Blumen oder Bäume darstellen. Sie rufen in farbigem Licht und vor einem schönen Hintergrund aus Stoff einen träumerisch schwebenden Eindruck auf der Bühne hervor.

Kleine Elfe

Material: Ein rundes Stück dünner Stoff von ca. 20 cm Durchmesser, z.B. Schirting, Batist oder Seide in einer hellen Pastellfarbe oder in Weiß. Wollbällchen und Nähgarn.

So wird's gemacht: Nadel mit eingefädeltem Nähgarn bereitlegen. Ein festes Woll- oder Baumwollbäuschchen wird

Abb. 17

mitten auf den Stoff gelegt, den man darum hüllt, sodass ein verhältnismäßig kleines Köpfchen entsteht. Faden befestigen und damit den Hals umwickeln. Vernähen und Nadel mitten auf dem Scheitel herausstechen, wo ganz wenig Wolle als

← ca. 20 cm →

Abb. 18

flaumiges Elfenhaar mit Mittelscheitel angenäht wird. Faden nicht abschneiden, sondern das Elfchen daran aufhängen!

Dann ziemlich nah am Kopf rechts und links je ein wenig Stoff zusammenraffen und daraus zwei Händchen nähen, die nach oben zeigen und unter denen das Elfengewand lang herabwallt.

Man kann mehrere solche Elfen von einem Drahtring, einem Kleiderbügel oder zwei gekreuzten Blumenstäbchen hängen lassen und hat dann ein hübsches Mobile.

Ebenso können Vögelchen oder Schmetterlinge, die aus ein paar zusammengeknüllten Stückchen Stoff oder Seidenpapier bestehen, aufgehängt werden, sodass sich der ganze luftige Schwarm im Kreise dreht. (In meinem *Puppenbuch* und in *Lieber spielen als fernsehen* kann man weitere aus einem Tuch geknotete Puppen beschrieben finden.)

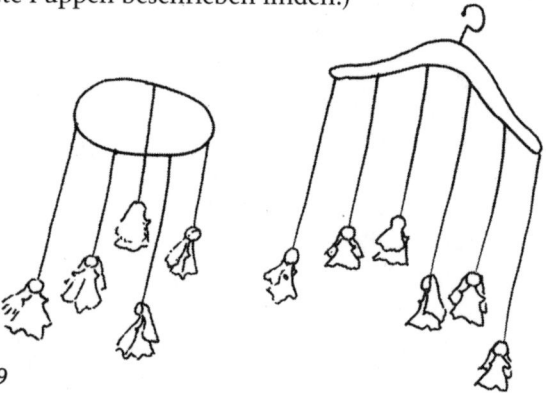

Abb. 19

Stehpuppen

Zu den Stehpuppen zählen wir all die kleinen Puppen und Tiere der Kinder aus Stoff oder Holz, die beim Tischtheater mitwirken können. Die Stehpuppen tragen natürlich diesen Namen deshalb, weil sie eigenes Stehvermögen haben. Es schadet trotzdem nicht, wenn sie an etwas angelehnt stehen.

Diese einfachen Puppen können einen Teil der Märchenlandschaft ausmachen, die wir zu Hause oder im Freien aufbauen. Als Hirten gekleidet stehen sie an der Krippe.

Auch aus Wolle gewickelte Puppen oder Püppchen für die Puppenstube, wie sie im *Puppenbuch* beschrieben sind, können wir gebrauchen. Man kann sogar eine Stehpuppe gut an einem Marionettenspiel teilnehmen lassen, wenn man z.B. einen geduldigen Wächter braucht, der während des ganzen Stücks treu auf seinem Posten vor einem Tor verharrt.

Einfache Stehpuppe

Material: Ein paar Gramm gewaschene und kardätschte Wolle. Ein Stück kräftiger Cordsamt, etwa 25 x 12 cm und ein kleines, dreieckiges Stück Stoff als Kopftuch.

So wird's gemacht: Die Wolle zu einer länglichen Walze formen und ihr einen Wollfaden um den «Hals» wickeln. Das Kleid wie auf Abb. 21 zuschneiden und um den Puppenkörper legen, der das Kleid bis zum Saum ausfüllen soll. Dann wird es mit ein paar Stichen unter dem Kinn zusammengenäht und das Tuch um den Hals geknotet.

Abb. 20

129

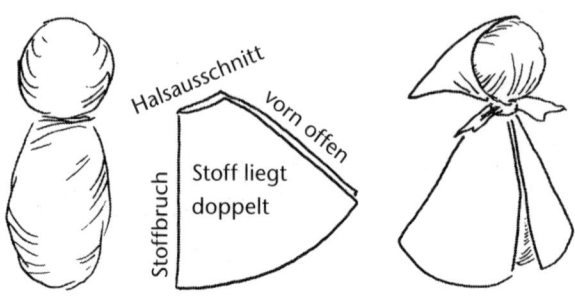

Abb. 21

Eine andere Möglichkeit wäre, einen Overall aus Stoff zu nähen, dessen Gliedmaßen und Kopf mit langen Strängen gerollter oder gewickelter Rohwolle ausgestopft werden.

Stehpuppe mit Kugelkopf

Material: Ein Stück Trikotstoff als «Haut» und ein Stück fester Baumwollstoff oder Filz, beide in den Maßen 20x20 cm. Weiter ein Stoffrestchen als Mütze und zwei für die Arme, Wolle als Haar und zum Ausstopfen des Kopfes.

So wird's gemacht: Mitten auf das Trikotstuck wird die fest geballte Wolle gelegt und in den Stoff eingehüllt. Den Hals abschnüren. Den Stoff auf der einen Seite glatt ziehen, damit das Gesicht schön faltenlos wird. Zwei Stückchen von den Trikotzipfeln abschneiden, daraus werden die Hände gemacht. Der andere viereckige Stoff wird in der Mitte gefaltet und am Rand entlang zusammengenäht. Das ist die Innenseite der zylinderförmigen Stoffhülse, aus der das Puppenkleid entstehen soll. Etwa ein Zentimeter unterhalb der einen Zylinderöffnung rundherum reihen und Faden hängen lassen. Der Puppe die Hülse mit der linken Seite nach außen über den Kopf ziehen. Den Reihfaden um den Hals festbinden und vernähen, sodass der Stoff an der Puppe festsitzt. Nun zieht man das Kleid über den Kopf nach unten, wobei die rechte Seite nach außen

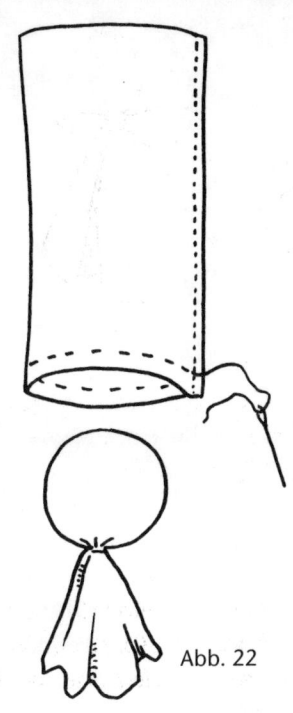

Abb. 22

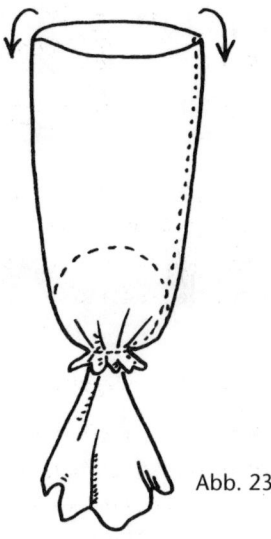

Abb. 23

Stoffbruch

Abb. 24

Stoffbruch

kommt; ungefähr die Hälfte des Kleides wird nach innen eingeschlagen, damit die Puppe ein besseres Stehvermögen bekommt.

Abb. 25 zeigt, wie die Hände gearbeitet werden. Dann die Arme in einer passenden Falte des Kleides festnähen, so dass sie nach vorn oder oben gerichtet sind. Sie sollen nicht zu lang sein.

Abb. 25: Ein Wollflöckchen in Trikot wird auf den mit gefalteter Oberkante liegenden Stoff platziert. Die eine Längskante des Stoffes wird umgebogen, die andere wird über den Arm gelegt, darauf die umgebogene Kante zuoberst. Zusammennähen.

Abb. 26

Soll die Puppe bewegliche Arme haben, sucht man sich dafür einen weichen Stoff heraus. Als Kopfbedeckung faltet man einfach aus dem Kleiderstoff ein Häubchen, oder man näht aus einem abgeschnittenen Strumpfbein eine Zipfelmütze. Am Kopf festnähen, nachdem man etwas Wolle daruntergesteckt hat, die nun als Haar unter der Kopfbedeckung hervorschaut.

Wenn es ein Zwerg werden soll, bekommt er auch einen Bart aus Wolle. Augen und Mund werden aufgemalt oder aufgestickt.

Stabile Stehpuppe

Material: Ein hautfarbenes viereckiges Trikotstück, zwei ebensolche Stückchen für die Hände und ein rundes Stück Stoff für die Stehfläche. Wolle zum Ausstopfen. Runder Stein oder Holzscheibe als Gewicht im Fuß. Stoff für die Kleider. Garn oder Wolle für das Haar.

So wird's gemacht: Das Trikotstück wird in der Mitte gefaltet und an der Kante entlang zu einem länglichen Säckchen

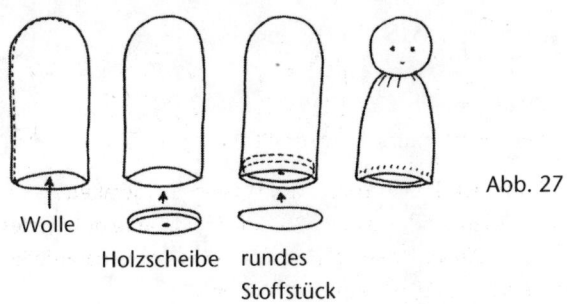

Wolle

Holzscheibe   rundes
Stoffstück

Abb. 27

zusammengenäht. Wenden. Tief ins Säckchen eine feste Woll-
kugel als Kopf hineinstecken und den Hals abschnüren. Den
Rest des Säckchens – das ist der Körper – ebenfalls mit Wolle
ausfüllen. Ein Stein oder eine Holzscheibe bildet die Stehfläche unter dem Rocksaum, die mit dem runden Stück Stoff
überkleidet wird. Mund und Augen aus Wolle oder Stickgarn
aufsticken. Diese armlose Puppe bekommt nun noch ein Ge-
wand oder einen Umhang.

Man kann auch aus den Kleiderfalten zwei Ärmchen formen, denen man eventuell mit ein paar Stichen etwas Festig-
keit verleiht. Will man ein einfaches Kleid machen, genügt
es, auf der Maschine die Kante eines runden Stoffstückes mit
Zickzackstich zu befestigen, in die Mitte einen runden Halsausschnitt zu schneiden,
den Stoff über den Kopf
zu ziehen und um den
Hals herum festzunähen.
Schließlich werden noch
vorne aus dem Kleiderstoff
zwei Händchen geformt
und abgeschnürt.

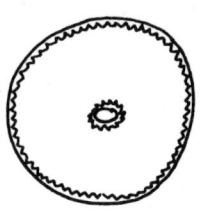

Abb. 28

133

Gehäkeltes Stehtier, Modell Hühnchen

Material: Etwas Wolle zum Füllen des Kopfes und ein paar Hühnerfedern. Am hübschesten wird das Huhn aus pflanzengefärbtem Wollgarn. Mehrere Häkelnadeln probieren, bis man die richtige Stärke gefunden hat. Es ist wichtig, dass die Maschen fest sind, damit das Tier wirklich stehen kann.

So wird's gemacht: Man beginnt die Arbeit von unten. Es wird eine Kette Luftmaschen von ca. 12 cm Länge in einer hübschen «Hühnerfarbe» gehäkelt. Dann erste und letzte Maschen zusammenhäkeln und mit festen Maschen weiterarbeiten, sodass ein zylinderförmiger Körper entsteht, der dann nach oben kegelförmig abnimmt. Zwischendurch kann man ein paar Runden mit einer anderen Nuance derselben Farbe häkeln; auch ein meliertes Garn eignet sich gut.

Oberhalb des Halses nimmt man wieder zu, sodass ein Köpfchen entsteht. Abnehmen und Arbeit abschließen. Mit einer Kette Luftmaschen einen roten Kamm anhäkeln, der sich auf dem Kopf bauscht. Der Schnabel besteht aus zwei festgenähten kleinen Garnschlaufen, die Augen aus Garn oder Perlen. Die Flügel werden in Form von schmalen Dreiecken gearbeitet und nachher angenäht. Als Schwanz bekommt es ein paar Hühnerfedern. Den Kopf mit etwas Wolle ausstopfen, ansonsten sollte das Hühnchen eigenes Stehvermögen haben.

In derselben Technik wie das Hühnchen und mit etwas Fantasie kann man alle möglichen lustigen Tiere und Puppen (Hirten, Zwerglein, Heinzelmännchen usw.) arbeiten. Hier kann man kaum

Abb. 29: Kleines gehäkeltes Stehtier. Dieses Hühnchen ist auch als Eierwärmer zu gebrauchen.

mehr zwischen Finger-, Steh- und Handpuppen unterscheiden. Unser Hühnchen kann sowohl selbst stehen als auch auf den Finger gesteckt werden. Eine Handpuppe hat man, wenn man das Huhn größer häkelt und von innen die Finger durch je ein Loch in die hohlen Flügel steckt, sodass es damit flattern kann.

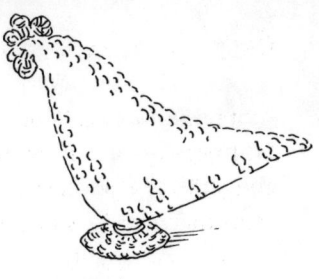

Abb. 30

Schon während der ersten Schuljahre können Kinder viereckige Lappen häkeln oder stricken, sie zu allen möglichen Tieren zusammennähen und mit Wolle ausstopfen, es entstehen Kaninchen, Marienkäfer oder wie hier eine andere Art von Huhn.

Dazu wird der viereckige Lappen diagonal gefaltet und an der Kante entlang bis auf ein kleines Loch zugenäht, durch das man das Huhn mit Rohwolle ausstopft. Dann ganz zunähen. Den Kamm macht man aus ein paar Luftmaschen in Rot wie die Umrandung eines Topflappens und häkelt als Fuß eine rote runde Plattform.

Marionetten

Eine Marionette muss beweglich sein und deshalb lose zusammengefügte Glieder und lange Arme haben. Das macht ihre Gebärden ausdrucksvoll und ihre Körpersprache deutlich. Ehe man mit dem Bau einer Marionette anfängt, muss man schon eine klare Vorstellung von ihrer Beschaffenheit und ihrer Rolle im Stück haben. Eine Marionette, die sich an der Nase reiben oder die Arme verschränken kann, erfordert einen geschickteren Puppenmacher als eine, die sich nur leicht zu verbeugen braucht.

Schulkinder ab etwa zwölf Jahren können viel Fantasie und Schaffensfreude entwickeln, wenn es darum geht, sinnreiche Gliederpuppen zu entwerfen. (Als ich in dem Alter war, machte ich mir ein eigentümliches lila Pferd, das, an mehr als zwanzig Fäden aufgehängt, nach hinten ausschlagen, traben, galoppieren, die Ohren nach hinten legen und den Schwanz heben konnte.)

Komplizierte Marionetten haben leider den Nachteil, dass sich ihre Fäden mitunter so ineinander verheddern, dass sie völlig unentwirrbar sind.

In diesem Buch möchte ich jedoch solche Marionetten beschreiben, die leicht zu bauen und leicht zu führen sind, sodass der ungeübte Puppenmacher und Puppenspieler nicht abgeschreckt wird. Diesem einfachen Puppentyp fehlt das

Holzkreuz, an dem sonst die Marionetten hängen. Die hier beschriebenen Puppen hängen nur an vier oder fünf Fäden, die sich nicht verheddern, falls die Puppe einmal herunterfällt. Ein paar Faustregeln für die Herstellung von Marionetten:
– so wenig Faden wie möglich
– dünne, feste Gliedmaßen
– schwere Hände, Füße und Leiber
– lose zusammengefügte Gliedmaßen.

Iwaschkas Vater

Einfache Marionette

Diese Puppe hängt an zwei Paar Fäden, die jeweils miteinander verbunden sind. Sie verlaufen von der einen Seite des Kopfes zur anderen beziehungsweise von Hand zu Hand der Marionette. Die Puppe hat kein Inlett für die Rohwolle, und ihre Arme und Beine sind nicht gegliedert. Sie besteht nur aus Kopf und Körper, um den lose die Kleider hängen. Daran sitzen die Hände und eventuell auch Füße. Mit anderen Worten: Hier machen die Kleider die Puppe.

Material: Hautfarbener Trikotstoff, ca. 35 x 12 cm, Wolle, Reste eines alten Pullis oder Ähnliches zum Ausstopfen. Steine für Kopf, Leib, Hände und auch Füße. Dünner, geschmeidiger Stoff für die Kleider. Garn oder Wolle als Haar. Starker Faden zum Aufhängen der Puppe. (Vgl. Abschnitt «Material», S. 110.)

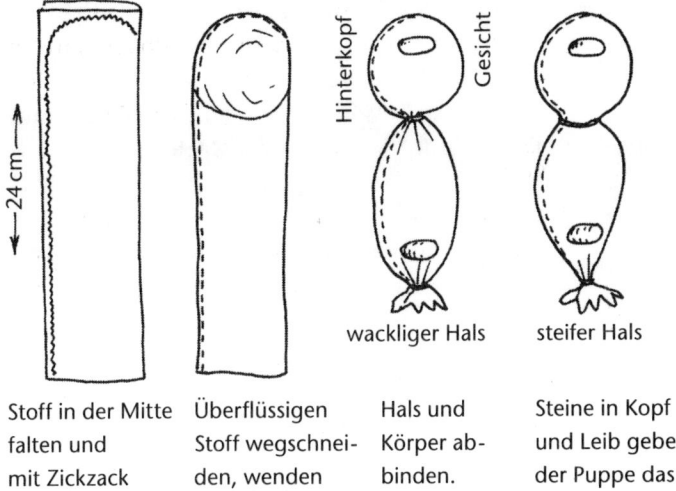

| Stoff in der Mitte falten und mit Zickzack zusammennähen. | Überflüssigen Stoff wegschneiden, wenden und ausstopfen. | Hals und Körper abbinden. | Steine in Kopf und Leib geben der Puppe das nötige Gewicht. |

Abb. 31

So macht man Kopf und Körper: Trikot in Fadenrichtung längs falten, sodass das nun doppelt liegende Stück 6 cm breit ist. Auf ca. 24 cm Länge kürzen. Der Rest reicht für Hände und Füße. Mit Zickzackstich die Längsseite zunähen und an der einen Kurzseite die Naht halbrund bis zum Stoffbruch verlaufen lassen. Sauberschneiden und wenden. Wir haben jetzt ein längliches Säckchen.

Aus dem Füllmaterial eine Kugel formen, in deren Mitte man einen Stein legt. Dann das Ganze so weit wie möglich in das Säckchen schieben und darunter den Hals abbinden. Wenn keine Wolle mit abgeschnürt wird, ist der Hals «wacklig»; mit viel Wolle im Hals wird er steif. Die Naht soll natürlich im Nacken verlaufen. Nun das Säckchen weiterfüllen; der Körper wird je nach der vorgesehenen Rolle der Puppe mager oder dick geformt. Ein Stein im Leib bewirkt eine gute Haltung und ermöglicht ihr präzise, klare Bewegungen.

Gesicht und Haare werden nach der Anleitung (S. 114 ff.) gearbeitet.

Dieser einfache Rumpf kann mithilfe von Kostümen fast unendlich variiert werden. Hände und Füße werden direkt an den Kleidern befestigt. Man nimmt dazu in etwas Wolle gewickelte und dann mit Stoff umkleidete Steine.

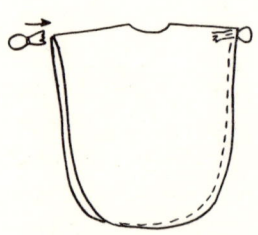

Die Puppe kann in ein sehr weites Kleid gehüllt werden, das oval geschnitten ist und den Halsausschnitt in der Mitte hat. Die Hände werden am Kleid festgenäht.

Eine andere Möglichkeit ist, einen Overall aus weichem Samt zu machen. Hände und Füße an den Ärmeln und Hosenbeinen annähen. Gegebenenfalls etwas Wolle in die Glieder stopfen, den Anzug über den Rumpf ziehen und befestigen.

Halsausschnitt kräuseln und mit dem Faden Kleid an der Puppe befestigen.   Abb. 32

Abb. 33

Man kann auch ein weites, langes Hemd nähen, Hände an den Ärmeln anbringen und dann das Ganze am Körper festheften. Sollte die Puppe einen zu durchsichtigen Eindruck machen, bekommt sie noch einen Unterrock aus dem abgeschnittenen Ärmel eines Schlafanzugs. Eine Alternative ist, der Puppe eine Stola aus einem anderen Stoff um die Schultern zu legen.

Die Fäden: Bevor man die Fäden an der Puppe befestigt, muss man erst wissen, in welcher Höhe sie auftreten wird; davon hängt die Länge der Fäden ab. Findet die Vorstellung auf dem Fußboden oder auf einem hohen Tisch statt? Lange gebückt zu stehen ist anstrengend. Soll ein Erwachsener oder ein Kind die Puppe führen?

Der Faden, an dem die Puppe hängen soll, wird in eine dünne Stopfnadel gefädelt. Er wird so abgemessen, dass er vom Kopf der Puppe zur Hand des Spielers und wieder zurück zur Puppe reicht. Dann wird er mitten auf dem Puppenkopf befestigt und läuft in einer weiten Schlinge zurück zum Nacken oder der Mitte des Puppenrückens, wo das andere Ende festgenäht wird.

Der Befestigungspunkt der Fäden ist für die Haltung der Puppe ausschlaggebend. Ein hoch an der Stirn befestigter Faden

139

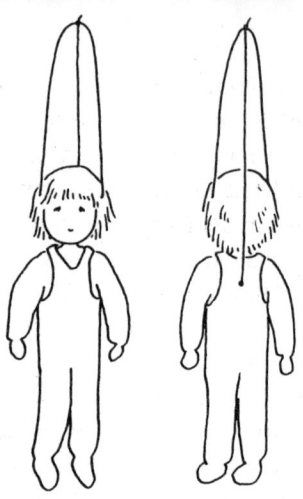

Abb. 34: Die Puppe braucht nur an zwei Fäden zu hängen: Einer sitzt oben auf dem Kopf fest und der andere im Nacken oder am Rücken. Je nach dem Sitz der Fäden macht die Puppe einen zaghaften oder kessen Eindruck.

Abb. 35: Dreifädenführung: Ein Faden auf jeder Kopfseite und einer am Rücken. Diese Puppe kann sich sowohl nach vorn beugen als auch mit dem Kopf wackeln.

verleiht der Puppe ein keckes Aussehen. Sitzt der Faden am Scheitel in der Nähe des Wirbels ist die Puppe viel schüchterner! Eine kerzengerade Haltung sagt etwas ganz anderes über den Charakter der Puppe aus als ein hängender Kopf.

Man kann eine Puppe auch mit drei Fäden führen. Ein Faden führt im Bogen von einer Kopfseite zur anderen. Ein Faden wird im Nacken befestigt und oben so mit dem anderen verknotet, dass der Knoten beim Spielen in der Hand des Spielers liegt. Wenn die Puppe an drei Fäden hängt, kann sie sich sowohl vornüber beugen als auch mit dem Kopf hin- und herwackeln. Letzteres lässt sich gut ausnützen, wenn die Puppe geht.

Ein Faden, der länger ist als die übrigen, wird im Bogen von der einen Puppenhand zur anderen gelegt. Es erleichtert das Abmessen, wenn die Puppe dabei mit dem «Kopffaden» an einem Haken aufgehängt ist. Wenn man die beiden Schlingen in der Hand hält, sollen die Puppenarme lose nach unten hängen.

Die Abbildung S. 86 zeigt exemplarisch, wie man die Fäden halten kann.

Soll die Puppe breite Schultern bekommen, macht man aus Stoff von einem Betttuch eine feste Rolle, die oben quer in den Rumpf gesteckt wird. Darunter mit Rohwolle füllen. Der Körper kann auch an ein paar Stellen abgenäht werden (abgenähter Körper). Dann kann sich die Puppe leichter verbeugen.

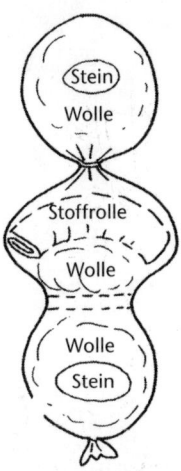

Abb. 36: Abgenähter Körper

Gegliederte Marionette

Wer diese Puppe machen will, muss mehr Zeit und Arbeit aufwenden. Die gegliederte Marionette kann einen Kugelkopf oder einen abgebundenen Kopf, einen kompakten oder einen gegliederten Körper haben. Sie hat innen eine zweite Haut aus Mullbindenschlauch (in der Apotheke erhältlich).

Aus praktischen Gründen wird im Folgenden der ganze Puppenkörper abgebildet.

Material: Mullbindenschlauch in zwei Breiten, ca. 1 cm und 3 cm. Hautfarbener Trikotstoff für Gesicht und Hände. Steine: ein großer für den Kopf und einer für den Rumpf, zwei gleich große für die Füße und zwei etwas kleinere für die Hände. Eventuell noch ein paar kleine Steine für Ellbogen und Knie. Wolle oder anderes Füllmaterial. Garn, Flachs oder Wolle als Haar. Teppichkettgarn zum Abbinden des Kopfes und der Glieder. Stoff für die Kleidung der Puppe.

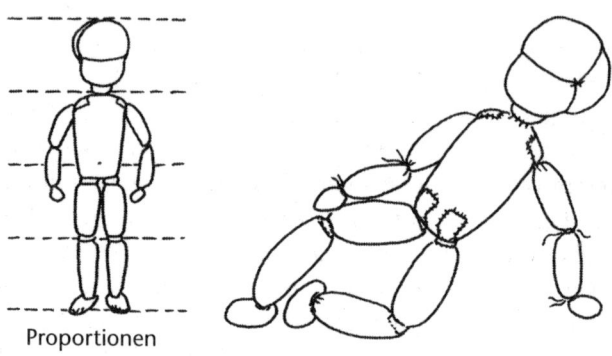

Proportionen

Abb. 37: Es kann auch mit abgenähtem Körper gearbeitet werden.
Siehe dazu auch Abb. 36.

So wird's gemacht: Von dem breiten Mullbindenschlauch etwa 25-30 cm abschneiden. Einen starken Faden um das eine Ende knoten und wenden, sodass der Knoten sich nun im Schlauch befindet. Um einen Stein herum eine runde, feste Kugel aus Füllmaterial formen.

Dabei muss beachtet werden, dass die Kugel kleiner wird, wenn sie im Schlauch steckt, und noch kleiner, wenn man den Hals abgebunden hat. Die Kugel bis ganz oben in den Schlauch stecken. Dann aus Wolle eine kleine Rolle formen und als Hals unter den Kopf platzieren. Sollte er unter dem Kinn nicht fest anliegen, wird er mit ein paar Stichen festge-

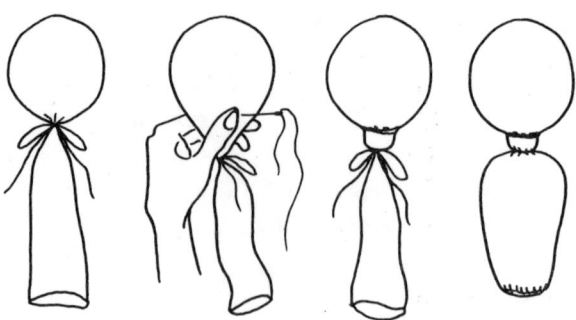

Abb. 38

näht. Der Körper kann entweder in einem Stück – z.B. aus einem zusammengerollten Teil eines alten Wollpullovers mit im Leib eingerolltem Stein – gefertigt werden oder mit abgenähtem Körper (s. Abb. 36), wodurch die Puppe graziöser wird. In letzterem Fall wird der Körper zuerst gefüllt. Dann näht man mit großen Stichen mit ca. 1 cm Zwischenraum zwei Nähte quer über die Taille. Schließlich kommt in den Unterkörper ein eingewickelter Stein. Der restliche Mullbindenschlauch wird nach innen eingeschlagen und unten zugenäht.

Sind die Proportionen richtig geworden? Der Körper sollte einundeinhalbes Mal die Länge des Kopfes messen. Die Arme und Beine einer Marionette sollen lang sein.

Beim *Abbinden des Puppenkopfes* geht man folgendermaßen vor: Eine doppelte Schlinge Teppichkettgarn waagerecht mitten um den Kopf legen. Zusammenziehen und knoten. Den Knoten zieht man über das eine Ohr und lässt das eine Schnurende oben über den Kopf zum anderen Ohr laufen, wo es die doppelte Augenschnur kreuzt. Diese senkrecht laufende Schnur wird fest angezogen und mit dem anderen Schnurende unter dem Kinn verknotet. Das Teppichkettgarn nun an den Ohren, wo es sich kreuzt, mit ein paar Stichen festnähen, damit nichts verrutschen kann. Die Schnur, die den Hinterkopf umspannt, wird dann als Nackenfaden nach unten gezogen. Den Kopf massieren, damit er eine schöne Form bekommt.

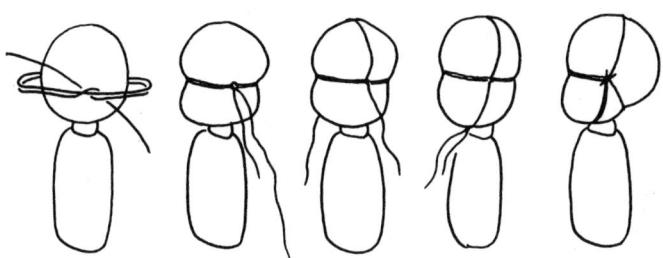

Abb. 39: Abbinden des Kopfes.

Arme (vgl. Abb. 37): Den schmalen Mullbindenschlauch in zwei gleiche Stücke schneiden, die je mindestens 15 cm länger sind, als die Arme werden sollen, denn der Mullbindenschlauch wird durch das Ausstopfen kürzer. An den Schultern festnähen und Wolle oder ein Stück zusammengerollten Stoff in die Oberarme stopfen. Am Ellbogen abbinden. Die Steinchen für die Hände werden in etwas Rohwolle gewickelt, bevor man sie in den Mullbindenschlauch legt und die Öffnung zunäht. Kontrollieren Sie, ob die Arme gleich lang sind! Sie sollen unterhalb des Rumpfes abschließen, sind also länger als die Arme anderer Puppen. Die Hände können ruhig ziemlich groß sein.

Beine: Zwei weitere, ca. 20 cm lange Stücke vom schmalen Mullbindenschlauch abschneiden und sie unten am Rumpf mit ziemlich langer Ansatzstelle festnähen (wie auf Abb. 40). Die Beine sollen ja nach vorn und hinten geschwungen werden und nicht seitlich. Die Oberschenkel füllen, die Knie mit zwei parallelen Quernähten abnähen, dann die Unterschenkel füllen. Die zwei Steine für die Füße mit Wolle umwickeln und sie ganz unten ins Bein stopfen. Mullbindenschlauch zunähen. Bitte beachten, dass die Steine ein wenig hinten im Fuß liegen, weil sonst die Zehen auf dem Boden schleifen.

Jetzt ist die Puppe im Rohzustand fertig (Abb. 37). Amüsieren Sie sich eine Weile damit, sie sich bewegen zu lassen, spielen Sie damit! Lassen Sie die Puppe herumturnen und alle

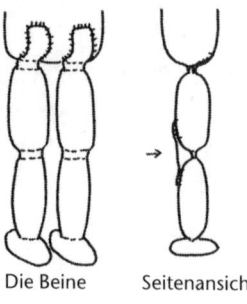

Die Beine   Seitenansicht

Abb. 40: Wenn die Puppe die Tendenz hat, nach der falschen Seite in die Knie zu gehen, kann man ein Baumwollband quer hinter der Kniekehle annähen, dann heben sich Unterschenkel und Fuß nur noch nach hinten.

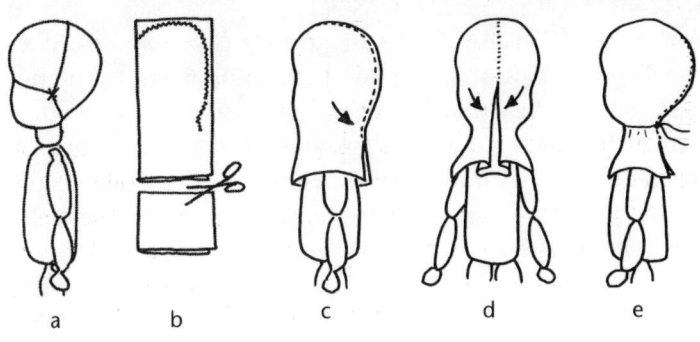

a   b   c   d   e

Abb. 41

möglichen Verrenkungen machen. Sie soll ziemlich schlapp
sein, da ihr erst die Kleider den nötigen Halt geben werden.

Jetzt wird der Kopf mit hautfarbenem Trikotstoff bezogen. Soll
die Puppe einen «wackeligen» Hals haben, wird der Stoff am
Hals schmaler und liegt lose am Körper an. Soll der Hals steifer
werden, muss man den Stoff am Körper annähen.

Der Trikotstoff für die Haut wird fadengerade senkrecht
über das Gesicht gelegt. So ist er in der Breite dehnbar. Den
Stoff misst man ab, indem man ihn in Augenhöhe um den
Kopf legt und dann die passende Breite davon abschneidet.
Doppelt legen. Der Stoffbruch soll später längs auf der Mitte
des Gesichtes liegen (Abb. 41 b). Überflüssigen Stoff wegschneiden und für die Hände aufheben. Eine Zickzacknaht
wie auf Abb. 41 b nähen.

Sauber ausschneiden und das Innere nach außen wenden,
dann über den Kopf der Puppe ziehen und den Stoff im Na-
cken nach hinten straff ziehen (Abb. 41 c). Hier legt man eine
Falte aus dem Stoff, der vorn im Gesicht überflüssig ist. Den
Hals hinten mit der Hand zunähen (aber nicht weiter den Rü-
cken hinunter, da der herunterhängende Stoff sonst spannt).
Dann wird unter dem Kinn abgeschnürt oder der Stoff am
Hals festgestichelt.

Man kann den Stoff auch mit Textilleim um den Hals her-

145

um ankleben, damit die «Haut» anliegt (vorausgesetzt, dass der Leim nicht durch den Stoff dringt und Flecken verursacht). Auch die Hände werden mit Trikot bezogen, aber an den Handgelenken nicht zu fest angenäht. Wenn die Puppe keine Schuhe bekommt, auch die Füße mit Trikot beziehen.

Gesicht und Haar s. S. 114 ff.

Für die *Kleider* suchen wir uns dünne, ungestärkte Stoffe aus (s. S. 117). Vielleicht bekommt die Puppe Filzstiefel und Pluderhosen aus Samt, ein weites Hemd aus Schirting, eine schöne Borte als Gürtel und einen Plüschumhang (s. Abb. 42)?

Die Fäden: Bei der hier beschriebenen Puppe ist im Allgemeinen die Dreifädenführung (vom Nacken und den beiden Seiten des Kopfes) die beste Lösung (s. Abb. 35).

Lernen Sie nun Ihre Puppe kennen! Lassen Sie sie über den Tisch spazieren, winken, dann über den Nähkasten klettern, sich auf dessen Kante setzen und ausruhen, sich bücken und

Abb. 42: Der Wächter und die dritte Tochter im Märchen von der Kuhhaut.

die Schere betasten! Kann die Puppe selbst sitzen, ohne umzufallen? Nur wenn sie die Knie heben können soll, wird noch eine Fadenschlaufe angebracht.

Man kann die Puppe nicht als fertig betrachten, ehe man völlig mit ihren Bewegungen zufrieden ist. Sonst wird das Spiel kaum ganz glücken! Warum also eventuelle Fehler nicht lieber gleich verbessern statt fünf Minuten vor der Premiere!

Selbstverständlich gibt es außer Stoff und Rohwolle eine Menge anderes Material, aus dem sich eine Marionette bauen lässt. Es ist jedoch wünschenswert, dass die Puppen, mit denen die Kinder zu tun haben, weich und ansprechend sind. Man kann mit Puppen aus Holz, Draht oder Papiermaché experimentieren. Solche Marionetten sind jedoch oft komplizierter und erfordern mehr Zeit für die Herstellung als die hier beschriebenen einfachen Stoffpuppen.

Es ist ohne weiteres möglich, anderes Material mit Wolle und Stoff zu überkleiden, um eine charakteristische Form oder eine größere und kunstreichere Puppe zu erhalten. Ein Kopf aus Papiermaché kann z.B. mit hautfarbenem Stoff überzogen werden. Ein solches Gesicht macht meiner Ansicht nach einen sehr lebendigen Eindruck.

Abb. 43: Jonas

Tiermarionetten

Im Rahmen dieses Buches kann keine ausführliche Beschreibung der Herstellung von Tiermarionetten erfolgen, aber einige Anregungen möchte ich dem Leser doch geben.

Auch die Tierpuppen können entweder einfach mit Kopf, Hals und Körper, aber ohne Beine sein – stattdessen hängt ein Tuch vom Rücken herab wie bei dem indischen Pferd auf S. 38 – oder komplizierter mit gegliederten Beinen (wie auf Abb. 44).

Ein **gegliedertes Tier** lässt sich beispielsweise aus Mullbindenschlauch in verschiedenen Breiten arbeiten. Die Beine werden an den Gelenken abgebunden, und in die Füße legt man Steine. Bei **Huftieren**, deren Tritt man hört, sind die Steine mehr oder weniger ungepolstert, während man Katzen und anderen Schleichtieren die Pfoten mit Rohwolle ausfüttert. Die Tiere können an zwei langen Schlaufen gehalten werden, eine für den Kopf und eine für den Körper.

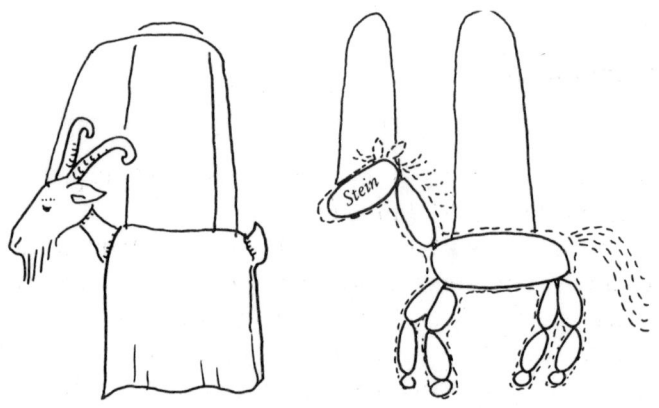

Abb. 44: Einfaches und gegliedertes Tier. Die Befestigungspunkte der Schlaufen werden so angebracht, dass das Tier ins Gleichgewicht kommt.

An Fäden schwebende **Vögel** und **Schmetterlinge** machen sich besonders gut auf dem Puppentheater. Der Körper kann um ein Stück zurechtgebogenen Draht herum geformt werden. Innen mit Wolle oder

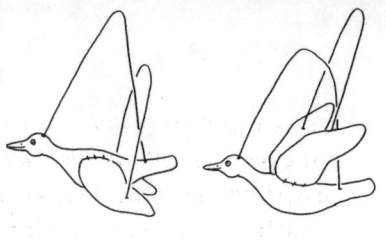

Abb. 45

Garn füllen. Die Flügel näht man separat. Sie werden an den Außenkanten mit Draht verstärkt, damit sie stabiler und schwerer werden. Wenn sie mit ein paar losen Stichen am Körper festgeheftet sind, fallen sie dann von selber nach unten.

Schlangen und flügelschlagende **Drachen** sind dankbare Objekte für Marionettenschöpfer! Wenn man den Unterkiefer des Drachens separat näht, ihn dann möglichst lose an den Kopf heftet, einen Faden durch den Oberkiefer zum Puppenspieler hinauflaufen lässt, dann kann der Drache zum großen Entzücken des Publikums den Rachen auf- und zuklappen.

Handpuppen

Beim Spiel mit Handpuppen «kriecht man in die Puppe hinein» und steht wirklich hinter ihr.

Die einfachste Handpuppe entsteht aus einem Strumpf oder Fäustling (s. Abb. 46), dem man mit wenigen Stichen am rechten Platz einen individuellen Charakter verleiht.

Die umständlicher gearbeiteten Handpuppen müssen wie angegossen an der Hand des Spielers sitzen, damit sie nicht schaben und drücken oder von der Hand gleiten können. Aus dehnbarem Trikotstoff kann man ganz gut Handpuppen machen, die sowohl an kleine als auch an große Hände passen. Auf S. 87/88 sieht man, wie eine solche Puppe gehalten wird.

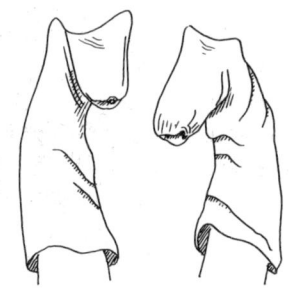

Abb. 46: Aus dem Ärmel eines Pullovers oder aus einem Strumpf zaubert man im Nu ein Handpuppentier. Man probiert verschiedene Handhaltungen. Die Öffnung wird zugehalten oder die Zehenpartie nach innen gezogen, dann spreizt man ein paar Finger, und fertig sind die Ohren!

Abb. 47: Man kann auch die ganze Hand mitsamt dem Arm in ein dünnes Tuch hüllen und obendrauf eine Kugel als Kopf setzen. Diese Art von Puppe passt auf jede Hand.

Im Folgenden werden drei Puppentypen beschrieben. Da Karikaturen und Ironie bei kleinen Kindern fehl am Platz sind, warten wir mit den detailliert gearbeiteten und drastisch übertriebene Züge aufweisenden Kasperlepuppen, bis die Kinder in die Schule gekommen sind.

Man erprobt die Geschicklichkeit seiner Puppenspielerhände, indem man sich ein Wollknäuel auf den Finger setzt und vor ei-

Abb. 48: Der freundliche alte Mann aus dem Märchen von der goldenen Axt.

nem Spiegel spielt. Welche Bewegungen lassen sich überhaupt ausführen? Welche sind schwer und welche unmöglich? Es ist von Vorteil, darüber Bescheid zu wissen, ehe man sich für ein bestimmtes Stück entscheidet.

Handpuppe mit Kugelkopf

Material: Dünner Trikot, ca. 25 x 15 cm (der Stoff liegt fadengerade längs auf dem Gesicht), zwei kleine Stückchen für die Hände, ca. 6 x 6 cm. Knäuel aus Garn oder aufgewickelten Stoffstreifen (auch Wollstränge, Kapok, Putzwolle oder Watte) als Füllung.

Abb. 49: Der dumme Michel

Garn, Wolle, Flachs oder dergleichen als Haar. Ein rechteckiges Stück Baumwollstoff von ca. 30 x 40 cm fürs Kleid (als Alternative auch ein dünner Stoff, ca. 50 x 50 cm).

So wird's gemacht: Aus hautfarbenem Trikot ein Säckchen nähen, sauber ausschneiden und wenden. Stoffmaß: 8 x 25 cm (s. Abb. 50). Dann wird Garn oder ein Stoffstreifen zu einem losen Knäuel in der Größe eines Tennisballs um zwei Finger der Hand gewickelt (s. Abb. 51). Das Säckchen über den auf dem Finger sitzenden Ball streifen.

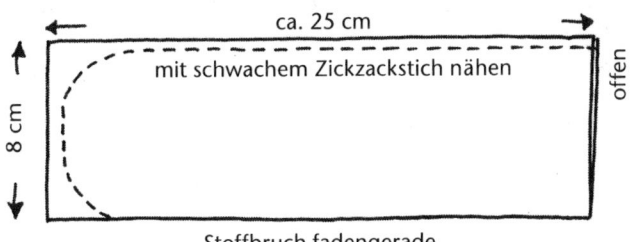

Abb. 50: Das Säckchen kann natürlich auch in anderen Größen genäht werden!

Abb. 51

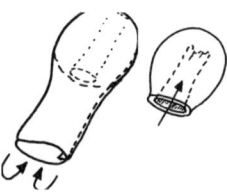

Abb. 52

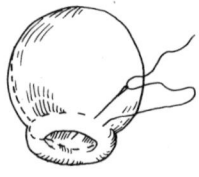

Abb. 53

Jetzt wird der Ball im Säckchen vorsichtig von den Fingern geschoben, ohne dass dabei das Fingerloch zerstört wird. In dieses muss nämlich das lose herabhängende Ende des Trikotsäckchens hineingeschoben werden, sodass das Loch innen mit Stoff gepolstert ist (Abb. 52).

Einen starken Faden in eine lange Nadel fädeln und mit großen Stichen um die Öffnung herum durchstechen, sodass ein Hals entsteht (Abb. 53).

Der Kopf kann ruhig ziemlich lose gefüllt sein, denn dann ist er nicht so schwer. Sollte die Öffnung zu groß geraten sein, kann man sie leicht mit einem Reihfaden zusammenziehen.

Nun sucht man sich die beste Seite für das Gesicht aus, wo selbstverständlich nichts von der Naht zu sehen sein darf.

Der Körper: Den Stoff mit der linken Seite nach außen in der Mitte falten. Er misst ca. 20 x 30 cm. Zusammennähen, sodass in der

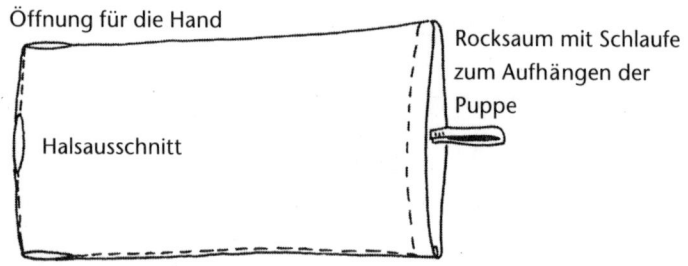

Abb. 54: Der Stoff für das Kleid liegt doppelt und ist aus strapazierfähigem Naturmaterial.

Mitte der einen Kurzseite ein Halsausschnitt und an den beiden Längsseiten oben je eine Öffnung für die Hände bleiben. Die Öffnungen mit Zickzackstich kanteln (Abb. 54). Die vierte Seite, die offen bleibt, bildet den Rocksaum, wird gesäumt und mit einer Schlaufe zum Aufhängen der Puppe versehen. Das Kleid wenden und den Hals in den Ausschnitt stecken. Ordentlich festnähen, denn hier wird die Puppe sehr stark strapaziert.

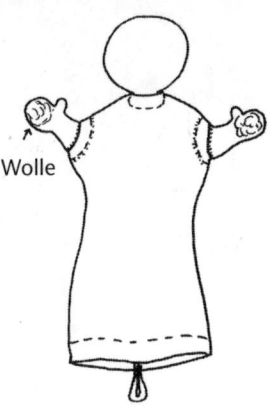

Abb. 55

Die *Hände* werden wie kleine Fäustlinge aus dem hautfarbenen Stoff genäht (Abb. 55). Auf den doppelt gelegten Stoff aufzeichnen, nähen, sauber ausschneiden und wenden. Die Fingerpartie mit einem Wollbäuschchen ausstopfen. Dann werden die Händchen mit dem Daumen nach oben (wenn es sich nicht um eine sehr deprimierte Puppe handelt) am Kleid festgenäht. Hier muss man es mit dem Annähen sehr genau nehmen, damit die Finger des Spielers nicht plötzlich zum Vorschein kommen, wenn er mit der Hand in die Puppe fährt.

Abb. 56: Vorder- und Rückseite von außen mit ein paar Stichen zusammennähen.

Man kann zwei Abnäher in das Kleid machen (wie es Abb. 56 zeigt), damit die Puppe besser an der Hand anliegt.

Alternatives Kleid: Ein großes Stück dünner Stoff wird einfach über die Hand gelegt. Den Kopf drückt man dann oben darauf (s. Abb. 48). Selbstverständlich kann man den Kopf und die Hände auch daran festnähen, wenn man will.

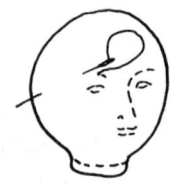

Abb. 57

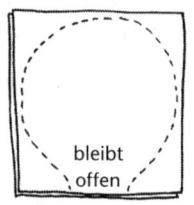

bleibt
offen

Abb. 58 a: Zwei «Köpfe»
mit Halsöffnung nähen.

Seitenansicht

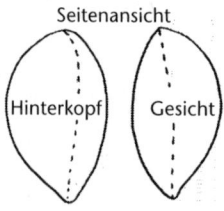

Hinterkopf   Gesicht

Sauber ausschneiden,
wenden und füllen.
Öffnung zunähen.

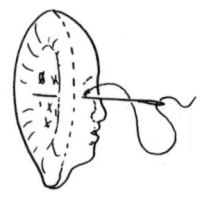

Abb. 58 b: Die Gesichts-
züge werden gestickt,
indem man die Nadel
vor und zurück durch die
Gesichtshälfte führt.

Gesichtsausdruck: Bis auf die individuellen Züge der Puppe wie Frisur und Gesichtsausdruck ist jetzt alles fertig (s. S. 114 ff.).

Es besteht natürlich die Möglichkeit, die Gesichtszüge mit Stichen zu betonen. Man sticht die Nadel quer durch den Kopf, sodass sie auf der Rückseite zum Vorschein kommt. Auf diese Weise kann man der Puppe tiefer liegende Augen geben. Durch schräges Einstechen der Nadel von der Nase aus in Richtung Haaransatz und wieder zurück, kann man eine Nase, einen Mund oder Runzeln im Gesicht andeuten (s. Abb. 57). Dazu gehört aber viel Übung und eine lange Nadel!

Findet man an dieser Technik Gefallen und will man sie weiterentwickeln, kann man den Kopf in zwei Hälften arbeiten: Gesicht und Hinterkopf (s. Abb. 58). Das hat den Vorteil, dass sich das Gesicht leichter modellieren lässt.

Man näht zwei runde, jeweils doppelt liegende Stoffstücke zusammen, die unten offen bleiben. Sauber ausschneiden, wenden und füllen, dann unten zunähen. Aus dem einen Teil macht man nun das Gesicht, indem man mit rosa Nähgarn Nase, Mund, Augen und vielleicht auch die eine oder andere Falte in den Kreis hinein stickt. Dabei sticht man die Nadel von oben nach unten und wieder zurück, ganz durch. Dann kommen die Augen an die Reihe. Sie werden mit Stick- oder Stopfgarn in einer passenden Farbe gearbeitet, der Mund in Rosa und gegebenenfalls Bart und Schnurrbart in der Haarfarbe. (Statt zu sticken kann man das Gesicht auch mit Wachsfarbstiften oder Textilstiften aufmalen.) Wenn es fertig ist, näht man die beiden Hälften des Kopfes zusammen und vergisst nicht, unten eine Öffnung für den Finger zu lassen.

Handpuppe mit Profil

Material: Ein Stück hautfarbener Trikotstoff für das Unterkleid zum Hineinstecken der Hand, ca. 45 x 45 cm. Zwei hautfarbene Trikotstücke für den Kopf, jedes 15 x 15 cm. Zum Füllen: kardätschte Wolle, Putzwolle, Watte. Stoffe fürs Kostüm, Garn oder Wolle fürs Haar.

So wird's gemacht: Auf das doppelte Trikotstück fürs Gesicht wird ein Kopf im Profil aufgezeichnet (Abb. 60), gern etwas schmaler, wenn der Stoff so liegt, dass er

Abb. 59

Der Trickotstoff liegt doppelt

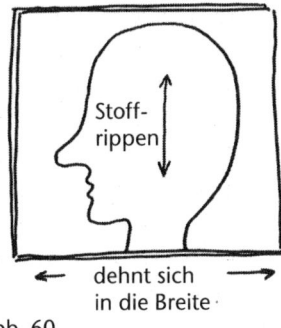
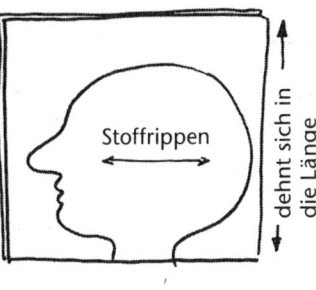

Stoffrippen

Stoffrippen

dehnt sich in die Länge

dehnt sich in die Breite

Abb. 60

155

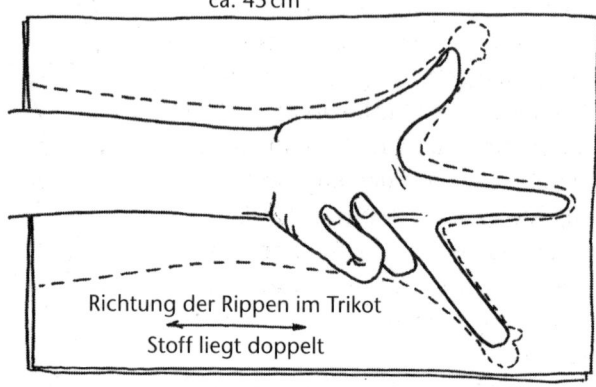

ca. 45 cm

Richtung der Rippen im Trikot

Stoff liegt doppelt

Abb. 61

sich in die Breite dehnt. Mit Zickzackstich umnähen und eine Halsöffnung lassen. Sauber ausschneiden, wenden und den Kopf ausstopfen. Je nach Lust und Laune die Gesichtszüge der Puppe mit quer durch den Kopf genähten Stichen verstärken.

Nun wird das große Trikotstück in der Mitte gefaltet, sodass der Bruch parallel zu den Stoffrippen liegt. Die Hand mit gespreizten Fingern auf den Stoff legen, etwa in der Stellung, wie man sie später in der Puppe hält. So wird nun der Umriss der Hand aufgezeichnet (Abb. 61). (Wer sich beim ersten Mal unsicher fühlt, probiert das zuerst mit irgendeinem alten Stück Stoff aus!) Die Puppenärmel werden gleich lang gemacht, sonst passt die Puppe nur an eine Hand!

Als Nächstes zeichnet man zwei kleine Hände, die wie Fäustlinge aussehen (Abb. 61), außen auf die Puppenärmel. Das ist zwar nicht unbedingt notwendig, verlängert jedoch den Arm und verleiht der Puppe bessere Proportionen. Das Ganze mit Zickzackstich nähen und sauber ausschneiden. Die untere Kante säumen und eine Schlaufe zum Aufhängen der Puppe annähen. Wenden und in die Puppenhändchen, wo man mit den Fingerspitzen nicht hinreicht, ein wenig Wolle oder Watte stopfen (Abb. 62a).

Jetzt wird dieses «Unterkleid» über die Hand des Spielers gezogen und der Puppenkopf auf den Mittelfinger gesetzt und ordentlich festgedrückt (Abb. 62b).

Der Stoff am Puppenhals wird nach innen geschlagen und der Kopf mit Nadeln festgesteckt. Man hat ihn dabei die ganze Zeit auf dem Finger! Erst dann wird die Puppe vorsichtig von der Hand gezogen und der Kopf fest am Hals angenäht (Abb. 62b).

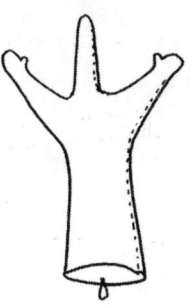

Abb. 62a

Die eigentliche Puppe ist nun fertig. Die letzte Arbeitsphase, das «Individualisieren» durch Haare, Gesichtsausdruck, «Schminke» und Kostüme kann in Angriff genommen werden (s. S. 114ff.).

Alternatives Kleid: Man näht statt aus hautfarbenem Trikot aus einem Stoff in einer hübschen, kräftigen Farbe (z.B. in Trikot oder Velour) gleich das Kleid der Puppe. Dann muss man natürlich die Fäustlinghändchen aus hautfarbenem Trikot direkt an den Armen festnähen (Abb. 62c).

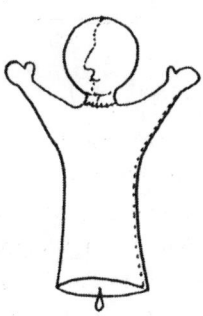

Abb. 62b

Variante: Ein Kopf mit genähtem Profil macht einen sehr natürlichen Eindruck. Natürlich lässt eine derart detailliert gearbeitete Puppe unserer Fantasie viel weniger Spielraum als eine schlichte. Das Ideal ist, mit möglichst sparsamen Mitteln einen optimalen Effekt zu erzielen, oder, mit anderen Worten, die Fantasie des Zuschauers mittels skizzenhafter Andeutungen anzuregen.

Abb. 62c

157

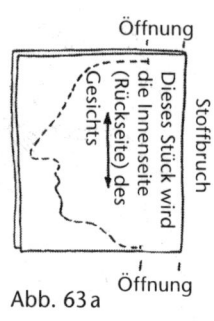

Öffnung

Stoffbruch

Dieses Stück wird die Innenseite (Rückseite) des Gesichts

Öffnung

Abb. 63a

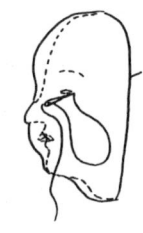

Abb. 63b

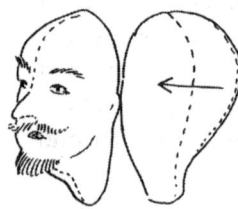

Abb. 63c

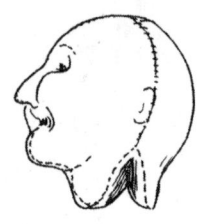

Abb. 63d

Auf einem doppelt liegenden Stück Stoff wird ein am Hinterkopf offenes Profil gezeichnet (Abb. 63a). Die Linien werden nicht bis ganz an den Stoffbruch gezogen, sondern es bleiben oben und unten je ca. 2 cm offen. An der Profillinie entlangnähen. Sauber ausschneiden und wenden. Mit Füllmaterial ausstopfen.

Nun wird der Stoff von hinten in die Innenseite des Gesichts gepresst, und die beiden Öffnungen werden oben und unten zugeheftet. Mit Nadel und hautfarbenem Nähfaden stichelt man quer durch die Gesichtshälfte hindurch, bis sie nach und nach immer platter wird, etwa wie eine dicke Gesichtsmaske (s. Abb. 63b). Mit Nadel und Faden kleine Nasenlöcher nach innen ziehen. Eine Mundöffnung nähen und darunter eine Falte, sodass die Lippen sich wölben; um die Augen macht man Fältchen usw.

Entweder nimmt man buntes Garn in passenden Farben dafür, oder man trägt die Gesichtsfarben mit Wachsfarbstiften oder Textilstiften auf.

Zum Gesicht wird dann ein birnenförmiger Hinterkopf gemacht (Abb. 63c). Die beiden Teile zusammennähen und im Hals eine Öffnung für den Finger lassen (Abb. 63d).

Gehäkelte Handpuppe

Material: Naturfarbene oder pflanzenge-
färbte Woll- oder Baumwollgarne.
So wird's gemacht: Man fängt von
unten her an. Es wird eine Kette von
Luftmaschen aufgenommen, die gut um
den Arm reicht, der die Puppe führen
soll. Den Anfang und das Ende der Kette
zusammenhäkeln und dann spiralenförmig im Kreis weiterhäkeln, sodass ein
Kleid entsteht. In der Taille allmählich
abnehmen, sodass es schmaler wird, aber
die Hand muss natürlich noch darin Platz

Abb. 64

haben. Für die Puppenarme zwei Löcher lassen. Brust- und
Rückenstück werden Reihe auf Reihe hin- und hergearbeitet,
jedes für sich. Über den Armlöchern wird wieder im Kreis
herumgehäkelt und zum Hals hin abgenommen. Den Hals in
Hautfarbe arbeiten, wieder zunehmen, dass ein Kopf entsteht,
zum Scheitel hin wieder abnehmen und abschließen. Zwei
kleine, kurze Arme in der Farbe des Kleides anhäkeln und mit
Hautfarbe für die Hände abschließen. Haare aufnähen und
vielleicht noch Punkte ins Gesicht sticken.

Mit Häkelnadel und Wollresten kann man die lustigsten
Tiergesichter zu-
stande bringen.
Ein Versuch
lohnt sich!

Abb. 65

159

Elternkurs

Vorbemerkung

Die Beschäftigung mit Puppen und dem Puppentheater regt sowohl Kinder als auch Erwachsene dazu an, sich mit Ausdrucksmitteln wie Gestik und Sprache zu beschäftigen und durch Zuhören das Einfühlungsvermögen zu üben. Einfache Märchenspiele, in denen Bewegung und Farbe Stimmung erzeugen, sind Nährboden für unsere Fantasie. Wir wachsen über uns selbst hinaus. Wenn durch dieses Buch einzelne oder mehrere Kinder und Erwachsene angeregt werden, zusammen Puppen zu machen und sie in einfachen Stücken auftreten zu lassen, dann ist sein Zweck damit erreicht. Wollen Sie zusammen mit Freunden ein Puppentheaterspiel bei einem Kindergeburtstag oder einem Familienfest als Überraschung vorführen? Warum dann nicht gleich zur Vertiefung in das Thema Puppentheater einen Elternkurs starten? Dazu braucht man keine besonderen Vorkenntnisse. Aber der Kursleiter sollte selbstverständlich vor der ersten Zusammenkunft den Inhalt dieses Buches schon kennen und auch, wenn möglich, die verschiedenen hier beschriebenen Puppen eigenhändig gemacht haben.

Planung des Kurses

Das vorliegende Buch sowie die darin enthaltene Arbeitseinteilung des Elternkurses muss allen Teilnehmern zugänglich sein.

Zur Vertiefung der Kenntnisse ist es günstig, weiteres Material heranzuziehen. Anregungen findet man im Literaturverzeichnis und in den Hinweisen zu den jeweiligen Zusammenkünften des Elternkurses. Hier folgt nun ein Beispiel für die Arbeitseinteilung des Kurses. Selbstverständlich können die Teilnehmer die Reihenfolge ändern und andere Themen in die Diskussion aufnehmen als die hier vorgeschlagenen.

Der Kurs setzt sich aus folgenden drei Teilen zusammen:
- Einleitendes Studium der ersten beiden Teile dieses Buches.
- Praktischer Teil: Herstellung von Puppen.
- Einstudieren und Aufführen eines Puppenspiels.

Der Zeitrahmen wird von den Teilnehmern gemeinsam festgelegt. Will man sich Zeit lassen, kann sich der Kurs über zwei Semester erstrecken. In diesem Fall widmet man das erste Halbjahr dem Studium und der Diskussion des ersten und zweiten Teils dieses Buches und der Herstellung der verschiedenen Puppentypen, die darin beschrieben sind. Das zweite Halbjahr könnte dann die Wahl des zu spielenden Stückes, die Herstellung der nötigen Puppen, das Einstudieren und schließlich die Aufführung des Spiels beinhalten.

In dem hier im Folgenden vorgeschlagenen Arbeitsplan ist der Kurs auf ein Semester konzentriert. Sollte der praktische Teil des Kurses dafür zu inhaltsreich sein, können die Teilnehmer natürlich eine oder mehrere der Puppen von der Herstellung ausschließen oder auch den Kurs um einige Zusammenkünfte verlängern.

Der Kursleiter hat die Aufgabe, dafür zu sorgen, dass bei jeder Zusammenkunft das nötige Arbeitsmaterial vorhanden ist. Die Teilnehmer tragen dazu bei, indem sie von zu Hause Stoffe, Stoffreste, Garne, Wolle usw. mitbringen (nähere Angaben auf der Materialliste S. 110f.). Vielleicht einigen sich die Kursteilnehmer auch darauf, für die Anschaffung von schönen Dekorationsstoffen, Puppenkostümen oder anderen notwendigen Dingen Beiträge zu sammeln.

Ich hoffe wirklich, dass alle Kursteilnehmer und interessierten Leser dieses Buches zu Hause im Laufe der Zeit Material für eine Puppenwerkstatt sammeln, denn das Interesse am Puppentheater erlahmt gewöhnlich nicht, auch wenn der Kurs beendet und das Buch ausgelesen ist.

Schon zum ersten Treffen sollte der Kursleiter Stoff, Wolle und Bienenwachstäfelchen für Finger- und Wurfpuppen dabeihaben. (Die Herstellung von gestrickten und gehäkelten Puppen nimmt so viel Zeit in Anspruch, dass sie, je nach Zeit und Lust der Teilnehmer, als «Hausaufgaben» gemacht werden können.)

Das Vorhandensein einer Nähmaschine in dem Raum, wo die Treffen stattfinden, ist nicht unbedingt notwendig, jedoch aus praktischen Gründen wünschenswert, denn besonders das Nähen der Handpuppen wird dadurch wesentlich erleichtert.

Beim Puppenmachen sollte man es sich zur Gewohnheit machen, die Puppen, sobald sie fertig sind, sich bewegen zu lassen. Man übt zu zweit einander zugewendet oder vor einem Spiegel.

Beispiel für die Arbeitseinteilung des Elternkurses
(Zehn Zusammenkünfte zu je drei Stunden)

Zusammen-kunft	Einleitendes Studium (Zusammenfassung und Diskussion) ca. 1 Std.	Pause	Praktischer Teil (Herstellung der Puppen) ca. 2 Std.
1	Einleitung, Planung des Kurses Besprechung S. 120 ff.		Fingerpuppen aus Stoff und Bienenwachs und/oder Wurfpuppe
2	Wir wachsen mit dem Puppenspiel, Besprechung S. 125 ff.		Wurfpuppe und/oder Stehpuppe
3	Aus der Geschichte des Puppentheaters I Besprechung S. 36 ff.		Einfache Marionette
4	Aus der Geschichte des Puppentheaters II Besprechung S. 55 ff. Die Puppe wird zum Leben erweckt		Gegliederte Marionette
5	Der Inhalt und der äußere Rahmen des Spiels Besprechung S. 151 ff.		Handpuppe mit rundem Kopf (Näh-maschine)
6	Puppenspieler, Musik und Puppe Besprechung S. 155 ff., Wahl des Theaterstücks		Handpuppe mit Profil (Nähmaschine)
7	Die Bühne Besprechung S. 94 ff.		Puppen, Tiere usw. für das Stück. Requisiten
	Einstudieren und Vorführung des Stücks:		
8	Aufbau der Szene. Beleuchtung. Puppen, Musik und Text werden ausprobiert.		
9	Proben. Wie lang ist die Spielzeit? Sollen Zuschauer gela-den werden?		
10	Generalprobe		Aufführung. Auswer-tung des Kurses.

Keine Angst, das Puppenspiel wird bestimmt ein Erfolg!

Erste Zusammenkunft

- Die Teilnehmer machen sich miteinander bekannt. Der Kursleiter fasst in einigen Worten das Ziel des Kurses zusammen. Darauf folgt das gemeinsame Planen und Besprechen des Kurses: Anzahl der Zusammenkünfte, Dauer jedes Treffens, Pausen usw. Die Einteilung in Theorie und Praxis ist zu empfehlen: eine Stunde für die Besprechung und zwei Stunden für die Fertigung der Puppen (diese Einteilung gilt für die ersten sieben Zusammenkünfte).
- Der Kursleiter fasst kurz den Inhalt der Seiten 12–20 zusammen. Diskussion.
- Die Teilnehmer verteilen den Rest des Textes von Teil 1 und 2 so unter sich, dass jeder einen Abschnitt referiert und der gesamte Text bis zur achten Zusammenkunft besprochen ist. Einen Vorschlag für die Arbeitseinteilung finden Sie auf S. 165.

  Es wird also von vornherein festgelegt, dass jeder Teilnehmer die Aufgabe bekommt, zu einer bestimmten Zusammenkunft einen Abschnitt des Buches zu lesen und der Gruppe vorzutragen. Geschieht diese Einteilung gleich bei der ersten Zusammenkunft, können dadurch Missverständnisse vermieden werden. Falls ein Teilnehmer nicht kommen kann, wenn er an der Reihe ist, bittet er jemanden in der Gruppe, ihn zu vertreten.
- Nach der Pause werden gemeinsam Finger- und/oder Wurfpuppen hergestellt, und die Gruppe lernt Bienenwachs in Täfelchen als Arbeitsmaterial kennen. Man kann es sehr gut zum Dekorieren und Herstellen von Requisiten gebrauchen; außerdem lassen sich leicht Finger- und Stehpuppen daraus kneten. Zum Abschluss übt man, zwei und zwei einander zugewendet, ein Weilchen die Puppen sich bewegen zu lassen.

Zweite Zusammenkunft

- Das Kapitel «Wir wachsen mit dem Puppenspiel» wird diskutiert. – Können wir das eine oder andere Fingerspiel? Durchprobieren!
- Das Kapitel «Wir wachsen mit dem Puppenspiel» ist ein Versuch, übersichtlich darzustellen, in welchem Alter und auf welcher Reifestufe Kinder für Puppenspiel und Puppentheater aufnahmefähig sind.
  Könnte man eine ähnliche Einteilung für das Kinderspielzeug machen, angefangen bei den einfachen, menschlichen und körpernahen Spielsachen bis zu den anspruchsvolleren, komplizierteren und hochtechnisierten?
- Es ist wichtig, die Kinder vor allzu viel vorprogrammierter Freizeitbeschäftigung zu schützen. Sie müssen Gelegenheit haben, mit sich selbst und ihrer näheren Umgebung vertraut zu werden. Wie oft und ab welchem Alter sollte man Kinder z.B. mit ins Theater nehmen?
- Diskutieren Sie den Einsatz technischer Medien zur Unterhaltung von Kindern. Was ist der Unterschied zwischen dem Verweilen vor dem Fernsehapparat und einer Zeitspanne mit realem menschlichem Kontakt?
- Kann jemand ein Märchen auswendig? Bereitet das Auswendiglernen Schwierigkeiten? Sicher können Sie Ideen austauschen, wie man es sich erleichtern kann, Geschichten und Lieder besser zu behalten.
- Was sind innere Bilder? Wie unterscheidet sich ein Bild, das wir mit unserem geistigen Auge wahrnehmen, von einer Fotografie?
- Nach der Pause entsteht eine Wurf- und/oder Stehpuppe. Sollte die Zeit nicht ausreichen, werden die Puppen zu Hause fertig gemacht. Zwei und zwei mit den Puppen üben. Man denkt sich aus, auf welche Weise sie sich bewegen

können: gehen, hüpfen, trippeln usw. Ganz kleine Bewegungen reichen völlig aus!
- Für das nächste Treffen leiht sich jeder so viele Bücher über die Geschichte des Puppentheaters aus wie nur möglich!

Dritte Zusammenkunft

- Bericht über den Inhalt des Kapitels, das den geschichtlichen Hintergrund des Puppenspiels behandelt. Gemeinsames Durchblättern der mitgebrachten Bücher zu diesem Thema. Anschließende Diskussion.
- Sind Sie der Ansicht, dass Puppentheater eine wichtige Kunstform ist? Wie viel Fachliteratur gibt es darüber in den Bibliotheken?
- Arbeitet ein Puppenspieler an einer Wanderbühne unter den gleichen Voraussetzungen wie der an einer festen Bühne? Wer muss ein größeres Repertoire haben?
- Im englischen Punchtheater war das Faustrecht an der Tagesordnung. Die Puppen schlugen sich gegenseitig den Buckel krumm. Gibt es hier eine Parallele zur Gewaltdarstellung in den heutigen Videofilmen?
  Hatte man ein anderes Verhältnis zu den prügelnden Puppen als zu den wirklichkeitsgetreuen Gewaltszenen, die wir auf der Mattscheibe sehen?
- Hat einer der Teilnehmer einmal eine Puppentheateraufführung in einem anderen Land miterlebt? Wenn das Programm noch vorhanden ist, kann es über sizilianische, tschechische, russische, indonesische oder andere Puppen Auskunft geben.
- Welche Puppenspieltechniken sind in diesem Buch nicht beschrieben?

- Kann man in großen Zügen unterscheiden, wann man sich früher der Handpuppe respektive der Marionette bediente?
- Was ist mechanisches Puppentheater und wo gibt es das noch?
- Nach der Pause wird eine einfache Marionette gebaut.
- Es darf daran nicht zu viel und nicht zu genau genäht werden! Wer schnell fertig wird, kann schon mit der gegliederten Marionette anfangen, die mehr Zeit in Anspruch nimmt.
- Legen Sie nun eine Gardine, eine Jacke oder sonst einen Stoff auf den Tisch und lassen Sie auf dieser provisorischen Bühne Ihre Puppen – eine nach der anderen – vorbeidefilieren. Jede Puppe tritt mit demselben «Programm» auf: Sie geht zuerst langsam, bleibt stehen, setzt sich nieder, seufzt, sinkt in sich zusammen und weint (welche Puppe weint am glaubwürdigsten, die gelbe, grüne, rote oder blaue?), wird wieder froh, springt auf die Beine, winkt, streckt die Arme aus, nimmt etwas entgegen, verbeugt sich und bedankt sich. Auch Auftritt und Abgang müssen geübt werden. Dann wird das Ergebnis dieser Übung besprochen.
- Bis zum nächsten Treffen *Puppentheater der Welt. Zeitgenössisches Puppenspiel in Wort und Bild* (Herbig 1965) oder ein anderes umfangreiches Bildwerk über das zeitgenössische Puppentheater ausleihen.

Vierte Zusammenkunft

- Zusammenfassung des zweiten Teils des historischen Abschnitts sowie des Kapitels «Die Puppe wird zum Leben erweckt». Besprechung des zeitgenössischen Puppentheaters mit Ausgangspunkt im Text und anhand der zu diesem Thema ausgeliehenen Bücher.

- UNIMA ist die Abkürzung für Union Internationale des Marionettes. Mit Marionettes sind in diesem Zusammenhang alle Arten von Puppenspiel gemeint. Gibt es an Ihrem Wohnort bereits eine Niederlassung des Deutschen Instituts für Puppenspiel, des deutschen Zweiges der UNIMA? Wenn nicht, können Sie vielleicht eine gründen.

- Was halten Sie davon, Puppentheater zu filmen? Wie wirkt sich das auf den für Schauspieler und Publikum so wichtigen Kontakt aus?
  Eine Live-Vorstellung gleicht ja keiner anderen aufs Haar, da sich Schauspieler und Publikum gegenseitig beeinflussen. Ist gefilmtes Puppentheater ein Erlebnis aus zweiter Hand?

- Wie kann ein Stück bezeichnet werden, in dem sowohl Puppen, Schauspieler, Schattenspiel als auch Gesang, Musik, Tanz und Pantomime vorkommen? Findet ein Übergang der verschiedenen Theaterformen ineinander statt? Diskutieren Sie, ob Mischformen im Zunehmen sind!

- Auch das einfache, amateurmäßige Puppentheater, von dem dieses Buch handelt, kann alle möglichen Unterhaltungsformen enthalten: Wir können singen, musizieren, die Puppen tanzen lassen, uns mit ihnen unterhalten, unseren eigenen Körper und unser Gesicht als Ausdrucksmittel benutzen und außerdem mithilfe von Schatteneffekten und farbiger Beleuchtung eine wandlungsfähige Kulisse schaffen. Welche Elemente müssen vorhanden sein, damit noch von Puppentheater die Rede sein kann?

- Wie und warum spielt man Puppentheater zu Hause, im Kindergarten, in der Schule und in anderem Zusammenhang?

- Welcher Platz eignet sich zu Hause zum Anlegen eines «Materiallagers»?

- Nach der Pause wird an einer gegliederten Marionette ge-

arbeitet. (Nur nicht zu genau nehmen!) Puppenführung in ähnlicher Art wie beim letzten Mal üben.
- Fürs nächste Treffen Märchenliteratur ausleihen.

Fünfte Zusammenkunft

- Diskussion des Kapitels «Der Inhalt und der äußere Rahmen des Spiels».
- Meinungsaustausch über die Symbolik des Märchens. Kann ein Märchen verschieden gedeutet werden?
- Was wissen Sie über das Alter unserer Volksmärchen?
- Wie unterscheidet man Märchen, Sage, Legende, Fabel und Mythos voneinander? Schlagen Sie die Begriffe in einem Lexikon nach! Mit Volksmärchen bezeichnet man alte Märchen, die in vergangenen Zeiten mündlich von Generation zu Generation weiterüberliefert wurden und die mit variierenden Motiven auf der ganzen Welt verbreitet sind. Sie wurden erst in den letzten Jahrhunderten schriftlich aufgezeichnet. Ein Kunstmärchen ist von einem Verfasser ersonnen und niedergeschrieben.
- Nun ist es an der Zeit, die praktische Gestaltung des Puppenspiels zu erörtern.
- Für wen ist die Aufführung gedacht? In welchem Alter sind die Zuschauer? Das ist für die Wahl des Stückes ausschlaggebend, denn sowohl Inhalt als auch Spieldauer müssen für das Publikum angemessen sein. Nur wer vor dem leeren Zuschauerraum spielt, braucht darauf keine Rücksicht zu nehmen.
Die Teilnehmer eines anderen Elternkurses, der am selben Ort stattfindet, Kinder, Verwandte, Freunde oder eine Schulklasse können als Zuschauer eingeladen werden.

- Ziehen Sie es vor, die Geschichte selber auszudenken, oder wollen Sie lieber eine fertige Geschichte inszenieren?

Was fertige Texte anbelangt, so gelten folgende Regeln: Texte von Schriftstellern, die seit 50 Jahren tot sind, sowie die alten Volksmärchen, die ja von keinem namentlich bekannten Verfasser stammen, sind nicht vom Copyright betroffen, also für jedermann zum Gebrauch frei. Ansonsten muss beim Verfasser oder seinem Rechtsnachfolger die Erlaubnis eingeholt werden (Anfragen an den Deutschen Schriftstellerverband).

Wer ein modernes Stück aufführen will, wendet sich an das Deutsche Institut für Puppenspiel in Bochum.

- Falls die Teilnehmerzahl groß ist, gibt es natürlich die Möglichkeit, zwei Gruppen einzuteilen und zwei Stücke einzustudieren; entweder zwei verschiedene oder das gleiche unter Verwendung verschiedener Puppenspieltechniken.

- Wenn man sich für ein fertiges Stück entschieden hat, kann man mithilfe von Finger- und Wurfpuppen Kinderreime, Lieder und ganz kurze Märchen illustrieren (z.B. «Der süße Brei» oder «Die Rübe»).

Für Tischtheater im größeren Stil eignen sich am besten solche Märchen, deren Handlung logisch aufgebaut ist und die ein sich wiederholendes Motiv beinhalten, etwa drei schwere Aufgaben, die gelöst werden müssen, drei Brüder, drei alte Mütterchen im Wald. Dadurch wird die Spannung aufrechterhalten, und außerdem erleichtert es dem Puppenspieler das Memorieren. Lange Märchen mit komplizierter Handlung sind für Anfänger nicht zu empfehlen!

Dialoge, Fabeln, Possen und Märchen mit wenigen Rollen und vertikalen Bewegungen (z.B. ein Besuch in der Unterwelt, eine Reise durchs Meer oder dergleichen) sind Stücke, die sich für Handpuppen eignen.

- Nach der Pause wird die Puppe mit rundem Kopf in Angriff

genommen (Beschreibung auf S. 151). Das Kostüm kann mit der Maschine genäht werden.

Dann werden die Puppen wie üblich zwei und zwei einander zugewendet ausprobiert. Dabei sitzen die Spieler hinter einem Tisch, der hochkant auf einem anderen Tisch liegt.

– Zum nächsten Mal lesen die Teilnehmer Märchen und Geschichten, damit beim kommenden Treffen die gemeinsame Wahl eines Stücks stattfinden kann. Wer will, schreibt selbst ein Stück!

Sechste Zusammenkunft

– Vortrag und Besprechung des Inhalts der Seiten 155 ff.
– Welche Einstellung herrscht in der Gruppe über die Aussicht auf ein eigenes Puppenspiel – scheinen die Schwierigkeiten unüberwindlich? Ist man verkrampft oder freut man sich darauf? Planen Sie alles genau oder improvisieren Sie?
– Wie soll das Spiel gestaltet werden? Entweder kann der Spieler stumm sein und nur die Puppen führen, während ein Erzähler den Text rezitiert, oder der Spieler selbst lässt seine Puppe sprechen.
Wer Hemmungen hat oder nur schwer auswendig lernt, arbeitet am besten mit einem Erzähler zusammen.
– Besteht die Möglichkeit, Musikbegleitung zum Stück zu arrangieren, z.B. Klangspiel, Zither, Leier, Gitarre oder Flöte?
– Sprechen Sie die verschiedenen Vorschläge für das Theaterstück durch. Jeder liest «sein Stück» vor, während die anderen sich Notizen machen, wie viele Rollen das Stück enthält und wie viele Szenen es hat.
Es ist nicht notwendig, dass alles auf der Bühne gezeigt wird. Von manchen Personen oder Episoden kann auch

nur erzählt werden. Weiter ist es möglich, Nebenpersonen zu streichen oder neue Rollen hinzuzufügen, sodass Rollenliste und Puppenspielertruppe zueinander passen. Die Veränderungen dürfen jedoch nicht so umfassend sein, dass man dem Märchen Gewalt antut.

Sollten bei einer großen Gruppe die Rollen nicht für alle Spieler ausreichen, gibt es immer eine Menge anderer Aufgaben: Man braucht einen Vorleser (Vorsänger), jemand, der für die Musik verantwortlich ist, einen Beleuchter, einen Regisseur, einen Verantwortlichen für das Szenenbild und die Requisiten usw.

– Wenn sich bei der Aufführung nicht allzu viele Leute hinter der Bühne drängeln, klappt es natürlich am besten. Zwei oder drei Puppenspieler reichen für die meisten Stücke. Während des Kurses kann man sich zum Ausprobieren ruhig einmal drängeln. Erfahrungen zu sammeln schadet nie!

– Solange man mit der Wahl des Stückes zu tun hat, können die bereits fertig gestellten Puppen beim Probespielen helfen.

– Nun muss entschieden werden, welches Stück gespielt werden soll.

– Nach der Pause wird eine Handpuppe mit Profil gemacht. Benutzen Sie die Nähmaschine!

Üben Sie zu zweit, die Puppen einen improvisierten Dialog führen zu lassen. Dabei muss die Puppe, die zuhört, ganz unbeweglich stehen.

Können sich die Puppen gegenseitig etwas hin- und herreichen? Können sie sich hinsetzen? Handpuppen bewegen sich auf ganz andere Art als Marionetten. Vergleichen Sie, indem Sie eine Puppe jeder Art gegeneinander spielen lassen! Überlegen Sie, welche Art von Bewegungen zum Charakter des jeweiligen Puppentyps passt.

Siebte Zusammenkunft

- Besprechung der Seiten 94 ff. Nun ist die Diskussion des Buches beendet, und alle Typen von Puppen sind genäht. Wenn der Kurs zwei Semester dauern soll, wäre damit das Pensum des ersten Semesters bewältigt.
- Einigen Sie sich nun darauf, welche Art von Puppen Sie zu Ihrem Spiel benutzen wollen. Es ist natürlich von Vorteil, wenn dabei die bereits fertig gestellten Puppen Anwendung finden. (Falls die Gruppe noch ein Semester weiterarbeitet, reicht die Zeit, direkt für das Spiel bestimmte Puppen zu nähen.)
- Die Bühne und die einzelnen Bühnenbilder werden entworfen.
- Aufsetzen einer Liste des Materials und aller Gegenstände, die beim nächsten Treffen zum Arrangieren des Bühnenbildes und zur ersten Probe benötigt werden.
- Soll der eigene Körper oder der Fußboden als Bühne dienen, braucht man Stühle zum Sitzen und Stoffbahnen, die über die Knie und auf den Boden gelegt werden.
- Für das Tischtheater benötigt man Tische oder lange Bänke, viel Stoff für die Landschaft, gefärbte Bettücher oder andere Baumwollstoffe (z.B. Schirting) als Hintergrund hinter den Spielern.
- Weiterhin braucht man eventuell Pappe zur Herstellung einfacher Kulissen (Häuserfassaden, Bäume usw.). Die Kulissen können mit Stoff verkleidet oder angemalt werden. Zweige, Steine, Muscheln, Moos oder eine Topfpflanze erzeugen die Illusion eines Waldes oder Strandes. Sehen Sie sich im Zimmer um! Der umgedrehte Papierkorb kann, mit Stoff verhüllt, als Berg dienen. Die Taschen der Kursteilnehmer bilden aufeinander gestapelt das Gelände unter dem Stoff. Man versucht immer, das gerade im Moment

verfügbare Material zum Bau des Bühnenbilds zu verwenden.

- Ein Handpuppentheater kann in einer Türöffnung mithilfe einer Stange und eines Vorhangs entstehen. Andere Möglichkeiten: waagerechte Holzleisten in einer Zimmerecke oder ein rundes Zelt aus Stoff, der um drei Hula-Hopp-Reifen gespannt wird. Das Zelt hängt an einem Haken von der Decke.

Man kann auch Tische oder Schulbänke rechts und links von der Bühne aufeinander stapeln und die Stapel mit zwei querliegenden Besenstielen verbinden, die festgekeilt und mit starkem Klebeband in ihrer Lage fixiert werden.

- Der Vorhang hängt an einer separaten Gardinenstange, die an der oberen Stange angebunden oder mit Klebeband befestigt wird, sodass man ihn ohne große Umstände auch für andere provisorische Bühnen verwenden kann.

- Kann der Raum verdunkelt werden? Wenn nicht, müssen Decken vor den Fenstern aufgehängt werden.

- Es werden auch Lampen gebraucht (Stehlampen und Leselampen mit einer Klammer oder Schraube zum Befestigen), Musikinstrumente, ein schöner Umschlag für das Buch, aus dem vorgelesen wird usw.

- Die Arbeitsverteilung wird festgelegt.

- Falls dazu die Möglichkeit besteht, ist es sehr praktisch, das Material während der letzten Wochen in dem Raum aufzubewahren, in dem die Zusammenkünfte stattfinden.

- Sicherheitshalber zum nächsten Treffen mitnehmen: weitere Stoffe, Pappe, Karton, Bauklötze, Scheren, Leim, breiten Klebstreifen, Reißzwecken, Stecknadeln, Sicherheitsnadeln, eine Rolle Kordel, Schnüre, Hammer und Nägel, Bienenwachstäfelchen, Deckfarben und Pinsel etc.

- Nach der Pause werden die Tiere und Puppen fertig gestellt, die noch fehlen. Die während des Kurses gemachten Puppen werden, soweit nötig, ihren Rollen angepasst. Sie bekommen ein anderes Kostüm, einen Bart, eine Mütze, ein Kopftuch oder Ähnliches, sodass sie in Farbe und Gestalt ins Stück passen. Sie dürfen aber nicht so vermummt werden, dass sie sich nicht mehr rühren können!

– Anfertigung von benötigten Requisiten.

Achte Zusammenkunft

– Nehmen Sie sich den Bühnenentwurf und die Skizzen der einzelnen Bühnenbilder vor. Der Plan wird jetzt in die Wirklichkeit umgesetzt.

– Vergewissern Sie sich, dass alle Puppen vorhanden sind, die für das Stück gebraucht werden.

– Einer der Teilnehmer liest laut und langsam das Stück vor, wobei er so lange Pausen einlegt, dass die Spieler mit den Puppen auch Varianten durchspielen können. Wenn man sich dann entschieden hat, werden die Regieanweisungen am Rand des Manuskriptes oder Textes vermerkt (König ab, Junge tritt von links auf, verbeugt sich, Prinzessin erhebt sich usw.). Genaue Regieanweisungen erleichtern eine spätere Wiederaufnahme des Stückes wesentlich.

– Während das Stück auf diese Weise durchprobiert wird, dekoriert man die Bühne mit passendem Stoff, der entweder nur drapiert oder auch mit Nadeln festgesteckt wird, baut Berge, bestimmt den Platz, an dem das Schloss errichtet wird, malt die Kulissen, verteilt die Handlung über die ganze Tischbühne und malt oder näht Kulissen und Vorhänge für das Handpuppentheater.

– Suchen Sie im Text nach Stellen, wo man eine natürliche Pause für die Musik einlegen kann. Wenn Akulina (im «Eisfürsten») wie tot niedersinkt, kann man mit der Hand so über die Saiten einer Zither, Leier oder eines Klangspiels fahren, dass die Töne absteigen. Wenn sie wieder erwacht, fährt man mit der Hand in die andere Richtung, sodass die Töne aufsteigen.

Wenn ein Riese daherstapft, können seine Schritte durch leichtes Klopfen auf ein Tamburin unterstrichen werden. Die Musik soll aber keinesfalls von einem Gerät wiedergegeben werden!

– Streben Sie danach, die Handlung so klar und eindeutig zu bringen, dass das Publikum dem Geschehen auf der Bühne mühelos folgen kann und Missverständnisse absolut ausgeschlossen sind! Streuen Sie humoristische Wendungen, schöne oder wehmütige Einlagen, Spannendes und Überraschendes ein.

– Es ist immer noch Zeit, einer Puppe den letzten Schliff zu geben, noch Requisiten und Dekor herzustellen, zu überlegen, ob ein Stoff umgefärbt werden muss, damit er farblich besser ins Gesamtbild passt.

Neunte Zusammenkunft

– Dieses Mal wird nur geprobt. Nun heißt es kritisch sein!
– Der Vorleser bemüht sich, mit tragender Stimme zu lesen, damit jedes Wort deutlich wird, und versucht, die Puppen mit verschiedenen Stimmen sprechen zu lassen. Wenn die Spieler selbst sprechen, können sie sich Spickzettel aufhängen oder einen Souffleur zu Hilfe nehmen, bis sie den Text auswendig können.

Bitte beachten Sie, dass in einem Dialog zwischen zwei Puppen nicht zu lange Pausen entstehen dürfen!

- Die Lampen müssen so auf die Bühne gerichtet sein, dass sie weder das Publikum noch die Spieler blenden.
- Überlegen Sie, wo und wie das Publikum sitzen soll und wer eingeladen wird.
- Nicht vergessen, bei Beginn der, letzten Probe auf die Uhr zu sehen, damit man einen Eindruck von der Dauer der Aufführung hat!
- Die Premiere bei der letzten Zusammenkunft wird so angesetzt, dass die Generalprobe noch vor Eintreffen des Publikums stattfinden kann.

  Sie getrauen sich doch, jetzt Zuschauer einzuladen!?

Zehnte Zusammenkunft

- Generalprobe, Pause und Aufführung des Stücks.
- Auswertung des Kurses!

Der Prinz mit den Eselsohren
(Ein portugiesisches Märchen)

Im Folgenden wird ein sehr kurzes Märchen beschrieben, das sich als Puppenspiel für das Tischtheater eignet. Es heißt «Der Prinz mit den Eselsohren», und die Anzahl der Puppen kann zwischen fünf und fünfzehn variieren.

Lesen Sie erst das Märchen durch und unterstreichen Sie alle Rollen, Tiere, wichtigen Gegenstände und Orte der Handlung, am besten in verschiedenen Farben. Dann wird ein **Rollenverzeichnis** aufgestellt:
- König
- Königin (nicht unbedingt notwendig)
- drei Feen
- Prinz
- Barbier
- Beichtvater (nicht unbedingt notwendig)
- ein oder mehrere Hirte(n)
- eventuell Höflinge und einige Schafe.

Wichtig sind die Eselsohren und die Mütze, die dem Prinzen passen und auch abnehmbar sein müssen. Die Flöten werden nicht dargestellt, können aber durch Flötenmusik verdeutlicht werden.

Kulissen:
- Schloss, Kirche, Weide, Schilf.

Die Puppen werden mit charakteristischen Kostümen versehen. Der König bekommt eine Krone aus gelbem Filz oder Goldpapier und einen Purpurmantel. Die Königin kann in einem Kleid in warmem Gelb oder Orange und mit einem Krönchen auftreten. Der Prinz trägt die Farben Weiß, Rot oder Blau oder eine andere schöne klare Farbe und einen dünnen goldenen Reif um die Stirn. Jede der drei Feen hält einen

Zauberstab, der in der Hand befestigt ist. Ihre Kleider sind pastellfarben, das der bösen Fee ist graulila. Das Kostüm des Barbiers ist einfach, er geht in Hemd und Hose. Der Beichtvater tritt in knöchellanger Soutane in Violett auf, und die Hirten schließlich tragen naturfarbene Kittel in grünen und braunen Nuancen sowie Schuhe aus Stoff.

Die Eselsohren werden z.B. aus grauem Filz zugeschnitten und an einem Band befestigt, das der Prinz um die Stirn trägt. Darüber muss noch die Mütze passen.

Die Schafe können einfach aus einer Handvoll zurechtgezupfter Rohwolle bestehen oder auch ganz weggelassen werden.

Das Schloss baut man aus Bauklötzen oder Pappe, und man bedeckt es mit leuchtend goldgelbem Stoff, wenn möglich Seide. Der Stoff wird ordentlich festgesteckt, damit die Puppen nicht darüberstolpern. Das Schloss kann oben von einer Kuppel aus Stoff gekrönt sein.

Über die Silhouette einer Kirche wird bläulicher Stoff gelegt. Einen Beichtstuhl braucht man nicht.

Die Weide ist eine mit grünem und braunem Stoff ausgelegte Mulde in der Landschaft, eventuell mit einer Pflanze dekoriert, deren Topf ebenfalls mit Stoff umhüllt ist. Ein hübscher Stein rundet das Bild ab.

Auch für das Schilfrohr kann man eine passende Topfpflanze nehmen, die einfach auf die Bühne gestellt wird, wenn sie gebraucht wird. Eine andere Möglichkeit wäre, unter dem Stoffboden ein paar Schilfrohre aus Stoff zu verstecken, die an Fäden hochgezogen werden, wenn sie wachsen sollen.

Die eine Seite der Bühne nimmt das Schloss ein, die andere die Weide, und die Kirche steht in der Mitte.

Wenn Puppen, Bühne und Zubehör so weit sind, wird das Märchen langsam vorgelesen; dabei zeichnet man die Regieanweisungen auf.

Musik, König tritt auf, stellt sich vor das Schloss.

Es war einmal ein König, der hatte alles, was sein Herz begehrte, nur eines nicht. Er hatte keine Kinder *(König sinkt ein wenig in sich zusammen)*. Wer sollte nach ihm Herrscher über das Königreich werden? Er kannte jedoch drei Feen *(König richtet sich auf und zeigt in die Richtung, aus der die drei Feen auftreten)*. Eines Tages sandte er einen Boten, um die drei Feen zu sich zu bitten *(Feen treten auf)*. Sie sollten ihm seinen Wunsch erfüllen, nämlich, dass die Königin ihm einen Sohn schenken würde. Das versprachen ihm die Feen *(Feen nicken)*, und sie sagten, dass sie der Geburt des Prinzen beiwohnen wollten. *(Feen ab, Königin tritt auf, hebt die Arme zum Himmel und beugt sich dann mit einer Gebärde des Entgegennehmens vor, Feen wieder herein)*.

Nach neun Monaten war die Freude im Schloss groß. Die Königin gebar einen Sohn *(Prinz tritt auf)*, und jede der drei Feen hatte eine Gabe für das Kind *(die erste Fee tritt an den Jungen heran)*.

Die erste Fee sagte: Du sollst der schönste Prinz werden, den je ein menschliches Auge erblickt hat *(sie zieht sich zurück und die zweite Fee tritt heran)*, und die zweite Fee sagte: Und dazu sollst du gerecht und klug werden *(die zweite Fee tritt zurück und macht der dritten, dunklen Fee Platz)*. Aber die dritte Fee war so zornig darüber, dass die beiden anderen vor ihr so gute Gaben dargebracht hatten, dass ihr selbst nichts Besseres einfiel. Deshalb schwang sie ihren Zauberstab und rief: Damit du jedoch nicht hochmütig wirst, sollen dir Eselsohren wachsen! *(König eilt hinzu)*. Der König war zutiefst bestürzt und bat sie, ihren Wunsch zurückzunehmen. Wie sollte denn ein Junge mit Eselsohren König werden können?

Aber die drei Feen verließen das Schloss *(Feen ab)*, und bald darauf wuchsen dem Prinzen ein paar Eselsohren *(Eselsohren werden ihm aufgesetzt)*. Die armen Eltern konnten ihm nicht helfen. Aber der König bestimmte, dass wenigstens niemand erfahren sollte, dass sein Sohn Eselsohren hatte, und ließ deshalb eine Mütze machen, die den Kopf und die Ohren des Prinzen bedeckte *(Mütze wird ihm aufgesetzt)*. Die musste er nun Tag und Nacht tragen *(Königin ab)*.

Der Prinz wurde mit jedem Tag schöner, und niemand bei Hofe wusste, dass er Eselsohren hatte. Aber schließlich kam er in das Alter, wo man sich rasieren und sich auch manchmal die Haare schneiden lassen muss. Da ließ der König einen Barbier zu sich kommen *(der König winkt, Barbier herein)* und sagte: Du sollst den Prinzen rasieren, aber wenn du auch nur einem einzigen Menschen verrätst, was sich unter der Mütze verbirgt, bist du des Todes. *(Der König macht eine heftige Bewegung mit dem Arm und geht hinaus. Prinz kniet vor dem Barbier nieder und lasst sich rasieren. Barbier verlässt das Schloss. Prinz hinaus.)*

Der Barbier hatte große Lust zu erzählen, was er gesehen hatte, aber weil ihm sein Leben lieb war, tat er es nicht. Eines Tages ging er in die Kirche *(kniet vor der Kirche nieder)*, um zu beichten, und er vertraute sich seinem Beichtvater an: Ich bin in ein Geheimnis eingeweiht, das mich schwer bedrückt. Aber wenn ich es verrate, lässt mich der König töten, aber ich kann es nicht mehr für mich behalten. Rate mir, was ich tun soll, Vater!

Sein Beichtvater gab ihm den Rat, er solle weitab in ein Tal wandern und dort eine Grube graben. Da sollte er sein Geheimnis solange hineinrufen, bis er sich erleichtert fühle. Wenn er dann die Grube wieder zuwürfe, würde die Erde sein Geheimnis bewahren. *(Barbier verbeugt sich dankend, nachdem er sich erhoben hat. Geht auf die Weide, krümmt den Rücken und beginnt zu graben.)* Das tat der Barbier, und als er die Grube wieder mit Erde gefüllt hatte, ging er erleichtert heim. *(Barbier hinaus.)*

Aber die Erde bewahrte sein Geheimnis nicht. Bald wuchs Schilf an der Stelle, wo die Grube gewesen war *(die Topfpflanze wird hingestellt oder die Schilfrohre hochgezogen)*, und als die Hirten *(Hirten mit Schafen herein)* mit ihrer Herde vorbeizogen, schnitten sie sich Pfeifchen aus dem Schilfrohr *(Hirten machen eine Bewegung in Richtung Schilf)*. Und als sie darauf spielten

(Musik, Töne einer Flöte), klangen Stimmen in der Musik mit: Der Prinz hat Eselsohren! Der Prinz hat Eselsohren!

Jedermann erstaunte, und die Nachricht verbreitete sich über das ganze Land *(König, Königin, Prinz und Höflinge treten beim Schloss auf)*, sodass sie sogar dem König zu Ohren kam. Er befahl einen der Hirten vor seinen Thron und sagte ihm, er solle seine Flöte erklingen lassen *(Hirte zum Schloss)*. Aber es erklang immer nur dieselbe Melodie (Töne einer Flöte); was auch der Hirte zu spielen versuchte, man hörte deutlich über den Tönen die Worte: Der Prinz hat Eselsohren!

Da nahm der König die Flöte und spielte selbst darauf *(die Hände des Königs und des Hirten berühren sich, König führt seine Hände an den Mund, und die Flöte ertönt)*, aber es war wieder dieselbe Stimme zu hören.

Da erkannte der König, dass der Barbier das Geheimnis verraten hatte. Er ließ ihn vor sich kommen *(Barbier herein)* und wollte ihn töten lassen *(Barbier fällt vor dem König auf die Knie, Prinz tritt vor und legt die Hand auf den Arm des Königs)*, aber der junge Prinz bat um sein Leben. Und als der Prinz erfuhr, was die Flöten gespielt hatten, riss er sich die Mütze vom Kopf *(man nimmt dem Prinzen die Mütze und die Ohren ab)* und rief: Ab heute soll es kein Geheimnis mehr sein, dass ich Eselsohren habe! Ich will trotzdem ein guter König werden *(Prinz breitet die Arme aus)*.

Nun stand er also ohne seine Mütze da. Der ganze Hofstaat war versammelt. Und alle starrten ihn neugierig an: Aber ein jeder konnte deutlich sehen, dass er keine Eselsohren mehr hatte.

Da war die Freude des Königs, der Königin und des jungen Prinzen übergroß. *(Alle tanzen vor Freude.)* Von dem Tage an verstummte das Gerücht, und nie wieder hörte man die Worte: Der Prinz hat Eselsohren! Der Prinz hat Eselsohren!

(Die Puppen stellen sich nebeneinander, verbeugen sich leicht und gehen würdevoll hinaus. Abschließende Musik.)

Literatur

Historisches und Allgemeines:

Bachmann, Manfred / Hansmann, Claus: *Das große Puppenbuch*. Leipzig 1971.

Baird, Bill: *The Art of the Puppet*. New York 1965.

Baker, Roger: *Einführung in die Geschichte der Puppen und Puppenhäuser*. 1978.

Bellmer, Hans: *Die Puppe* (Ullstein Kunstbuch). Frankfurt 1983.

Bleisch, Hans-Peter: *Puppentheater – Theaterpuppen*. Zürich 1981.

Böhmer, Günter: *Puppentheater*. München [3]1976.

Cieslik, Marianne und Jürgen (Hrsg.): *Das Puppenhandbuch*. Jülich 1978.

Keene, Donald: *Bunraku – The Art of the Japanese Puppet Theatre*. Tokio 1965.

Kleist, Heinrich von: *Über das Marionettentheater*. Verschiedene Ausgaben.

Nold, Wilfried (Hrsg.): *Puppenbühnen im deutschsprachigen Raum*. Frankfurt 1979.

Purschke, Hans: *Das allerzierlichste Theater. Alte und neue Geschichten vom Puppenspiel*. München 1968.

Simmen, Réne: *Die Welt im Puppenspiel*. Zürich 1972.

Simmen, René / Bezzola, Leonardo: *Marionetten aus aller Welt*. Eltville 1978.

Wittkop-Ménardeau, Gabrielle: *Von Puppen und Marionetten*. Zürich 1962.

Hafkamp, Corrie: *Kopf hoch, Larissa!* Stuttgart 1985.
(Das Buch schildert die Begegnung der kleinen Larissa und der Puppenspielerin Anna-Maria. Höhepunkt der Geschichte ist ein Puppenspiel, durch das sich ein bedrückendes Schicksal aufzuhellen beginnt ...)

Herstellung von Puppen und Marionetten:

Becker, Ingeborg: *Marionetten – leicht zu bauen.* Stuttgart
[3]1980.

Jaffke, Freya: *Spielzeug von Eltern selbst gemacht.* Stuttgart
[20]2003.

Jaffke, Freya: *Tiere für Puppenspiele.* Stuttgart 2004.

Klettenheimer, Ingrid: *Kleiner Kurs für Puppenbastler.*
Dietzenbach 1978.

Neuschütz, Karin: *Das Puppenbuch.* Stuttgart [7]2000.

Neuschütz, Karin: *Die Waldorfpuppe.* Stuttgart [4]2004.

Pieck, Kai S.: *Marionetten – selbst gebastelt und gespielt.*
Ravensburg 1979.

Reinhardt, Eva: *Marionetten selber machen.* München 1980.

Scholz-Peters, Ruth: *Lustige Marionetten – selbst gemacht.*
Stuttgart [5]1980.

Scholz-Peters, Ruth: *Fingerpuppen.* Stuttgart 1975.

Märchen und Sagen, Bilderbücher und Spiele:

Arbeitsmaterial aus den Waldorfkindergärten:
- Band 5: *Kleine Märchen und Geschichten.* Stuttgart [10]2000.
- Band 7: *Puppenspiel.* Stuttgart [3]1991.
- Band 8: *Hänschen Apfelkern.* Stuttgart [8]2004.

Balmer, Ueli: *Freude am Puppenspiel.* Stuttgart 1979.

Bauer, John / Rudström, Lennart: *Der Zauberwald.* Münster
1979.

Beskow, Elsa: mehrere Bilderbücher im Verlag Urachhaus,
Stuttgart.

Dhom, Christel: *Spiel mit mir – sprich mit mir.* Stuttgart 2002.

Eich, Günter: *Marionettenspiele.* Frankfurt 1976.

Geiger, Rudolf: *Märchenkunde.* Stuttgart [4]1998.

Grimm, Brüder: *Irische Elfenmärchen.* Stuttgart [7]1993.

Grimm, Brüder: *Märchen und Sagen.* Verschiedene Ausgaben.

Helm, Eve Marie: *Fingerspiele*. München 1982.

Kutik, Christiane: *Das Puppenspielbuch*. Stuttgart [2]1995.

Lagerlöf, Selma: Nils *Holgerssons wunderbare Reise*. München o. J.

Lenz, Friedel: *Bildsprache der Märchen*. Stuttgart [8]1997.

Lindgren, Astrid: *Nils Karlsson-Däumling*. Hamburg 1975.

Lindholm, Dan: *Quell der Ganga. Altindische Sagen.* Stuttgart [3]1982.

Lindholm Dan: *Die Stimme der Felswand. Natursagen, Märchen und Schwänke aus Norwegen*. Stuttgart [2]1980.

Lüthi, Max: *Märchen*. Stuttgart [7]1979.

Lüthi, Max: *Das europäische Volksmärchen* (UTB 312). Stuttgart [6]1978.

Meyer, Rudolf: *Die Weisheit der deutschen Volksmärchen.* Stuttgart [8]1981.

Pausewang Elfriede: *Die Unzertrennlichen. Neue Fingerspiele.* 2 Teile. München [20]1979, [10]1980.

Peronnik. Ein französisches Gralsmärchen. Stuttgart 1985.

Ritter, Heinz: *Sagen der Völker*. Stuttgart [5]1987.

Weissenberg-Seebohm, A.: *Mit Kasperle durch das Jahr. Vier große Kasperle-Stücke*. Stuttgart [3]1995.

Wir spielen Kasperle-Theater. Die Bedeutung des Kasperle-Spiels, die Herstellung von Puppen und Bühne und zehn kleine Szenen. Stuttgart [6]2005.

Wolk-Gerche, Angelika: *Das Märchenwolle-Theater. Fünf kleine Theaterstücke für Kinder*. Stuttgart 2002.

Erziehung / Pädagogik:

Bettelheim, Bruno: *Kinder brauchen Märchen*. München 1979.

Bittleston, Gisela: *The Healing Art of Glove Puppetry.* Edinburgh 1978.

Britz-Crecelius, Heidi: *Kinderspiel – lebensentscheidend.* Stuttgart [6]1993.

Davy, Gudrun / Voors, Bons (Hrsg.): *Familienleben. Selbstverwirklichung und Partnerschaft in der täglichen Praxis.* Stuttgart 1985.

Kutik, Christiane: *Spielen mit kleinen Kindern zu Hause und in Spielgruppen.* Stuttgart [3]2004.

Lindenberg, Christoph: *Waldorfschulen: Angstfrei lernen, selbstbewusst handeln* (Rowohlt-Taschenbuch 6904).

Lintz, Martin (Hrsg.): *Von der Würde des Kindes.* Stuttgart 1999.

Patzlaff, Rainer: *Der gefrorene Blick. Physiologische Wirkungen des Fernsehens und die Entwicklung des Kindes.* Stuttgart [3]2004.

Patzlaff, Rainer: *Medienmagie oder die Herrschaft über die Sinne.* Stuttgart 1999.

Steiner Rudolf: *Die Erziehung des Kindes vom Gesichtspunkte der Geisteswissenschaft.* Dornach 1992.

Steiner, Rudolf: *Allgemeine Menschenkunde als Grundlage der Pädagogik.* Dornach [9]1992

Strauß, Michaela: *Von der Zeichensprache des kleinen Kindes.* Stuttgart [3]1983.

Karin Neuschütz
Das Puppenbuch
Wie man Puppen selber macht und was sie
für Kinder bedeuten.
Taschenbuchausgabe, 224 Seiten
ISBN 3-7725-1263-1

Karin Neuschütz vermittelt in diesem Buch einen wertvollen, pädagogisch fundierten Beitrag über Leben und Spiel des Kindes. Ausführlich wird die Bedeutung der Puppe für die Entwicklung des Kindes beschrieben.

Eltern und Erzieher finden in zwei Richtungen Hilfe. Sie lernen, welches Spielzeug für welche Altersstufe in Frage kommt, und können im Verlauf des Buches selbstständig nachvollziehen, wie sich die verschiedenen Puppen herstellen lassen.

Verlag Freies Geistesleben

Karin Neuschütz
Stofftiere zum Selbernähen
Mit Anleitungen und Schnittmustern.
64 Seiten, gebunden
ISBN 3-7725-1610-6

Die meisten Kinder sehnen sich nach einem lebendigen Tier, einem weichen und vertrauensvollen kleinen Geschöpf zum Spielen und Kuscheln, das man füttern und beschützen kann. Ein Stofftier ist selbstverständlich nicht mit einem lebendigen vergleichbar, aber es kann das Kind dazu veranlassen, sich in die Verantwortung für ein Tier hineinzuversetzen. Die Spielzeugtiere können große Bedeutung erlangen, wenn sie die Liebe und das Interesse des Kindes für die Tierwelt wecken, es dazu bringen, dass es sich um seinen Schützling kümmert und Verantwortung übernimmt; und obendrein fördern sie in hohem Maße das schöpferische Spiel.

Verlag Freies Geistesleben

Karin Neuschütz
Die Waldorfpuppe
Wie man sie macht – wie man ihre Kleider näht.
96 Seiten, gebunden
ISBN 3-7725-0966-5

Karin Neuschütz beschreibt in einfachen Schritten und mit
zahlreichen Beispielen, Accessoires und Schnittmustern, wie
man die unter dem Namen «Waldorfpuppe» weitbekannte
und von Kindern heiß und innig geliebte Stoffpuppe selbst
nähen kann.

Verlag Freies Geistesleben